薪酬管理实操

—— 全流程演练 ——

实战案例版

邹善童◎著

中国铁道出版社有限公司

CHINA RAILWAY PUBLISHING HOUSE CO., LTD.

图书在版编目（CIP）数据

薪酬管理实操全流程演练／邹善童著．—北京：
中国铁道出版社，2018.11（2022.1 重印）
ISBN 978-7-113-24936-6

Ⅰ．①薪… Ⅱ．①邹… Ⅲ．①工资管理 Ⅳ．
① F244

中国版本图书馆 CIP 数据核字（2018）第 203201 号

书　　名：**薪酬管理实操全流程演练**
作　　者：邹善童

策　　划：王　佩　编辑部电话：（010）51873022　邮箱：505733396@qq.com
责任编辑：王　佩
封面设计：仙境
责任印制：赵星辰

出版发行：中国铁道出版社有限公司（100054，北京市西城区右安门西街 8 号）
印　　刷：佳兴达印刷（天津）有限公司
版　　次：2018 年 11 月第 1 版　　2022 年 1 月第 2 次印刷
开　　本：700mm×1 000mm　　1/16　印张：13.75　字数：226 千
书　　号：ISBN 978-7-113-24936-6
定　　价：59.80 元

前 言 | FOREWORD

如果要把企业薪酬工作进行分类，我想分为三类是比较适宜的。第一类是薪酬策略，包括决定采用哪种薪酬政策，制定公司中长期薪酬战略，研究薪酬与战略以及企业管理模式的衔接问题，研究薪酬激励作用发挥问题等工作；第二类是薪酬体系建设，这是一个技术层面的工作，包括建立起薪酬管理体系、管理制度、不同岗位的薪酬结构、不同单位的薪酬管理方式等；第三类是薪酬管理工作，也就是完成日常的薪酬管理工作。三者之间相辅相成。想要做好薪酬工作，会策略不懂技术和实施，做出的策略就会脱离实际；懂技术不懂策略或实施，搭建的体系会空有外表而毫无作用；懂实施不懂策略和体系，工作起来就会像个没头苍蝇，忙碌但没有效率。对于有志于从事人力资源管理工作的人来说，不了解薪酬工作，在专业上就存在先天的短板；不了解薪酬管理工作，薪酬工作也就难以做实、做好。

本书定位于如何做好薪酬管理工作，以人力资源工作流程为基础，参考实际的管理案例，对薪酬管理工作进行全面而详细的阐述。

本书共有 14 章，涵盖了日常薪酬管理工作内容。第一章界定了薪酬管理工作的内容，是对全书的总括。薪酬管理工作包括编制员工工资表及相关工作、福利管理、薪酬调查、薪酬计划管理以及人力资源分析等内容，全书各章节依此展开。

第二章和第三章，是对工资表的解读和实操演练。

第四章至第六章是与工资表编制有关的员工花名册管理、员工考勤休假以及员工考核结果管理。第八章是个人所得税的计算问题。

第七章是法定福利管理、第十一章为自有福利的管理。

第九章是企业薪酬年度计划的编制工作。

第十章是薪酬台账等基础数据管理工作。

第十二章是人力资源分析和月报的内容。

第十三章和第十四章，是薪酬调查工作，其中包括了企业内部的薪酬调查工作，即员工薪酬满意度调查工作和外部市场薪酬调查工作。

本书章节并没有严格按照第一部分的薪酬管理工作定义开展，主要是基于本书所提倡的全流程理念，是本着工作流程先后顺序与工作内容的相关性，逐章展开。为了让读者更易于理解薪酬管理工作，本书将工作中复杂的流程尽可能进行简化。读者在阅读的时候可以结合自己的需要按顺序阅读，或按自己需要单独阅读一些章节。

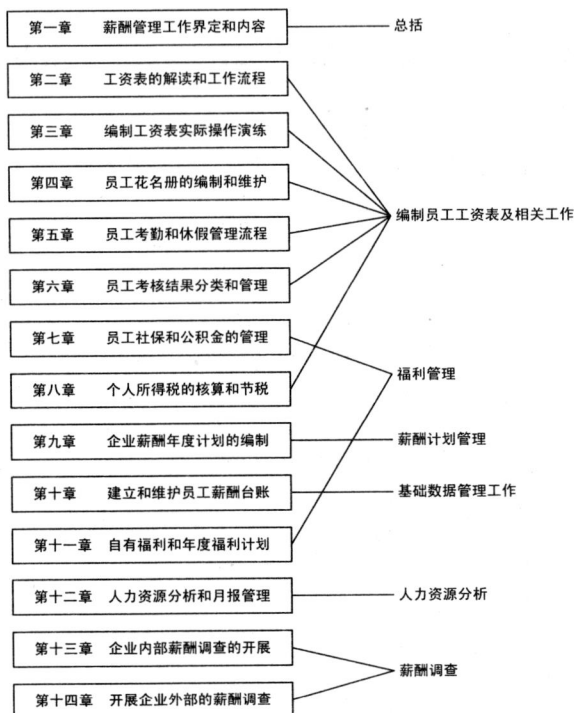

章节	分类
第一章　薪酬管理工作界定和内容	总括
第二章　工资表的解读和工作流程	
第三章　编制工资表实际操作演练	
第四章　员工花名册的编制和维护	编制员工工资表及相关工作
第五章　员工考勤和休假管理流程	
第六章　员工考核结果分类和管理	
第七章　员工社保和公积金的管理	福利管理
第八章　个人所得税的核算和节税	
第九章　企业薪酬年度计划的编制	薪酬计划管理
第十章　建立和维护员工薪酬台账	基础数据管理工作
第十一章　自有福利和年度福利计划	
第十二章　人力资源分析和月报管理	人力资源分析
第十三章　企业内部薪酬调查的开展	薪酬调查
第十四章　开展企业外部的薪酬调查	

由于本书定位与我之前所著的《HR达人教你薪酬管理一本通》有相通之处，所以本书摘录了上一本书部分章节的内容。为了弥补同时拥有两本书的读者，我将《HR达人教你薪酬管理一本通》在腾讯微课的配套视频资料的价格调整为 1 元，欢迎您参与交流（https://ke.qq.com/course/222659）。

如果您对本书或薪酬方面有哪些问题或看法，欢迎通过电子邮件与我联系（compensation@yeah.net）。如果您希望长期关注我的动态或观点，请您添加我的微信公众号"善童童语"。

视频课程网址　　　　　　　　善童童语微信公众号

编者
2018 年 10 月

目 录 | CONTENTS

第 1 章　薪酬管理工作界定和内容

1.1　薪酬与薪酬管理工作

1.1.1　薪酬的分类

薪酬管理包括薪酬策略管理、薪酬体系设计和薪酬管理工作三部分内容如图 1-1 所示。

薪酬策略管理是将企业发展战略、所处行业、发展阶段、企业文化、管理模式、支付能力与员工需要相结合，制定薪酬原则或方法的过程。

薪酬体系设计是管理者通过使用不同要素、结构、水平和支付形式实现薪酬工作原则或方法的过程。

薪酬管理工作是具体的薪酬工作。

如果我们把薪酬工作看作一场战役。薪酬策略管理决定这场战争打不打；薪酬体系设计决定这场战争如何打；薪酬管理工作就是真刀真枪去战斗。

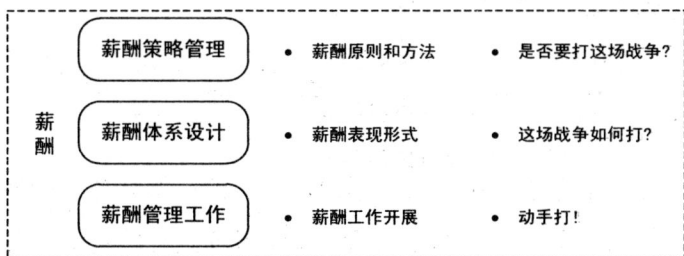

图 1-1　薪酬的分类

1.1.2 薪酬管理工作

薪酬策略管理、薪酬体系设计和薪酬管理工作发挥的作用不同，对从事该项工作员工的能力要求有区别，每一环节都会对企业薪酬工作的成败起决定性的影响。薪酬管理理想状态是，决策者选择适宜的薪酬策略；管理者结合企业管理实际、文化和员工需要制定与薪酬策略相适应薪酬体系；执行者将体系执行下去。这三个环节中任何一个环节出现问题都将导致薪酬工作的失败如图 1-2 所示。

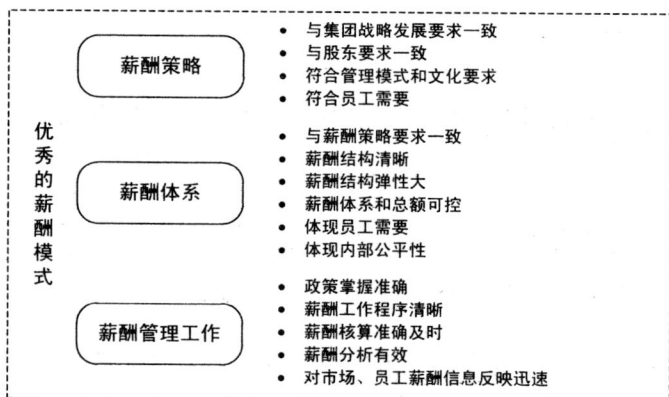

图 1-2 优秀的薪酬模式

1.2 薪酬工作的岗位设计

1.2.1 薪酬岗位与薪酬工作

按照层级管理的要求，负责薪酬工作的岗位分布于决策层、管理层、执行层这三个不同层级，并分别负责不同的工作如图 1-3 所示。

人力资源总监是一个中层管理岗位，可以跨层级参与薪酬战略制定工作。同样，薪酬经理是一个基层管理 / 专业岗位，可以跨层级参与薪酬体系设计、薪酬制度撰写、薪酬调查和分析等工作。

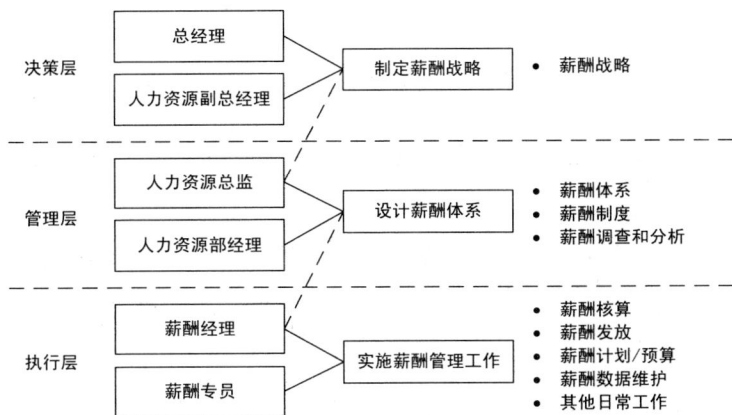

图 1-3　薪酬有关岗位与薪酬工作的联系

1.2.2　人力资源部的薪酬岗位

薪酬管理工作全部由人力资源部承担，负责此项工作的岗位包括薪酬经理或薪酬专员岗位。由于薪酬经理工作内容具有跨层级的特点，所以我们通过分析薪酬专员的工作内容，就可以掌握薪酬管理工作的一般内容如图 1-4 所示。

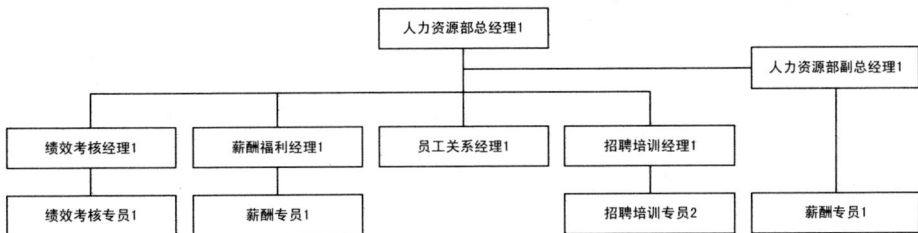

图 1-4　某企业人力资源部岗位图

薪酬专员是在人力资源部从事薪酬管理工作的基层员工。薪酬专员只是一个岗位名称。在不同企业其称呼并不一致。在不同企业这一称呼可能是薪酬福利专员、薪酬绩效专员、薪酬助理、人事专员等。

小·知·识

人力资源有关岗位的英文名称

人们习惯用一些英文简称描述某一岗位，我们应该掌握一些与人力资源有关的基本岗位名称。

决策层：CHO_Chief Human Officer 首席人才官；HRVP_Human Resource Vice President 人力资源副总裁 / 副总裁（分管人力资源工作）

管理层：HRD_ Human Resource Director 人力资源总监；HRM_ Human Resource Manager 人力资源部经理

执行层：HR Supervisor；HR Executive 人力资源经理 / 主管；C&B Supervisor；C&B Executive_ 薪酬福利经理；HRspecialist 人事专员；HR assistant 人事助理。

人力资源模块：人力资源规划（Human Resources Planning）、招聘与配置 (Recruiting & Configuration) 、培训与发展 (Training & Development)、薪资福利（C&B_Compensation &Boon）、绩效管理（performance management ）、员工关系（Employee Relations）\组织发展（Organization Development）。

例：高级薪酬福利经理 Senior C&B Executive.

1.2.3　薪酬工作的汇报关系

员工的汇报对象是直接领导。例如人力资源部有部门经理、薪酬经理和薪酬专员，且由薪酬经理指导薪酬专员工作的情况下，薪酬专员应该向薪酬经理汇报工作。有些企业的薪酬经理是专业职务，他也是薪酬制度的执行者，而不是一位管理者。那么薪酬专员就存在着配合薪酬经理完成各项工作，但直接向人力资源部经理进行汇报的情况如图 1-5 所示。

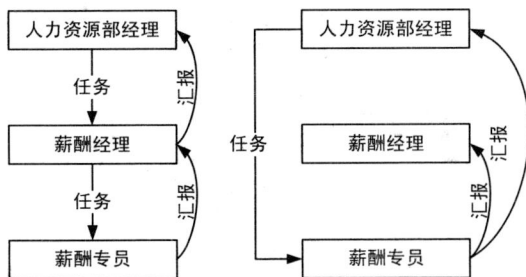

图 1-5　薪酬工作的汇报关系

职场中的规矩是上级领导可以越级指挥，下级员工不能越级汇报。在汇报关系并不明确的情况下，薪酬专员绕开薪酬经理而直接向人力资源部经理汇报工作并不是明智之举。所以即使是人力资源部经理直接布置的工作，薪酬专员也有必要在完成后向薪酬经理做一简要的说明。

1.2.4　薪酬经理和薪酬专员的服务对象

薪酬经理和薪酬专员是基层工作岗位，所面对的服务对象也是非常复杂的。

1．对上。除非有明确规定，否则薪酬专员应该对直接主管薪酬经理负责，薪酬经理对人力资源部经理负责。对于人力资源部经理、人事总监、分管人力资源部工作的副总经理和总经理的工作要求，薪酬经理和薪酬专员应该服从并按工作要求办理。

2．对内。薪酬经理和薪酬专员需要与其他员工打交道，有义务向他们说明薪酬制度的执行方法，并解决与本职工作有关的问题。薪酬经理和薪酬专员与其他员工之间的关系是服务与被服务的关系。双方不存在隶属关系，所以对其他人员提出的工作要求，可以选择性地接纳。对于自己无法决定或无法提供帮助的要求，应真诚地拒绝如图 1-6 所示。

3．对外。为员工缴纳五险一金，办理相关手续的转移等都需要与当地的社会保障局、住房公积金管理中心进行工作交流。与这些部门打交道的关键是合法、合规，按要求完成数据的填报。

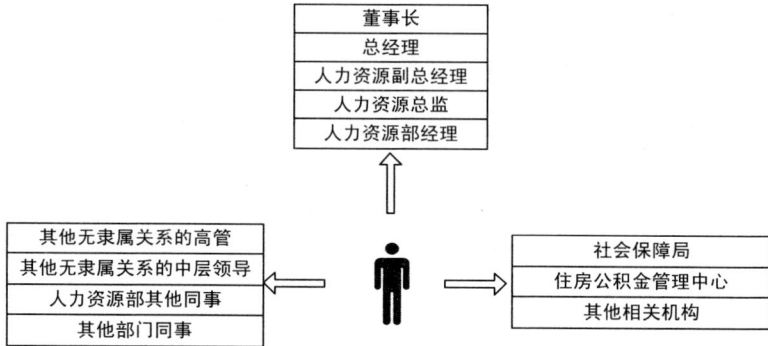

图 1-6 薪酬经理和薪酬专员服务对象

1.3 薪酬管理工作的内容

薪酬管理工作的主要内容如图 1-7 所示。

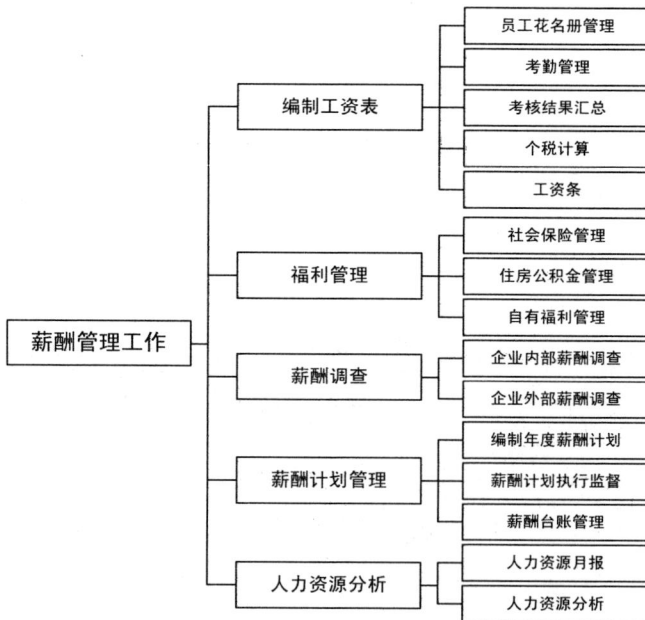

图 1-7 薪酬管理工作内容

1.3.1　编制员工工资表及相关工作

制作工资表是一项基本工作，也是每月都要做的重点工作。工资表的制作一般都有固定模板。编制工资表就是收集相关数据，将薪酬制度要求体现在工资表中，确保各项数据准确，并按时提供给财务部门，如期发放工资。

完成工资表的制作需要做好员工信息核对、考勤、考核数据收集，个税计算，制作工资条等工作。

1.3.2　福利管理

福利管理可分为法定福利和企业自有福利管理。

五险一金是国家规定员工应该享受的福利。五险一金的管理部门就是各地方的社会保障局和住房公积金管理中心。企业要按照地方规定，核定及调整员工缴费基数，并按时上报。对于新进或离开人员，还要做好五险一金的停、转手续等。

企业自有福利是与国家规定五险一金相对应的福利项目。企业或多或少都会有一些自有福利。例如午餐补贴、交通补贴、住房补贴等。企业自有福利维护也是薪酬管理工作的重要内容之一。

1.3.3　薪酬调查

薪酬调查工作包括企业内部薪酬调查和市场薪酬调查两类。

企业内部薪酬调查实际是调查员工薪酬满意度调查。

市场薪酬调查工作并不是一项必做的工作。有些企业会参照市场水平制定政策，需要开展市场薪酬调查工作。有些企业薪酬管理与市场水平脱节，这类企业中一般不会组织正式的市场薪酬调查工作。

1.3.4　薪酬计划管理

实施薪酬计划管理是为了确保薪酬的可控性。常见的薪酬计划管理是编制年度薪酬计划及对薪酬计划执行情况进行监督。以上工作需要薪酬数据的支持，所以需要企业建立并维护薪酬台账。

1.3.5　人力资源分析

薪酬分析是人力资源分析的主要内容之一。薪酬分析包括薪酬总量分析和薪酬效率分析两部分。

第 2 章 工资表的解读和工作流程

2.1 认识解读一份工资表

称呼为一"份"工资表而不是一"张"工资表，是因为工资表不仅是一张表格，它应该包括三部分内容：薪酬变动单、工资表及相关附表。

2.1.1 薪资变动单

一份工资表应该有一个封面，列明了当月工资总额以及人员变化情况。比如当月有什么人新进入工资表、什么人调级、什么人退出等需单独说明的情况如表 2-1 所示。

表 2-1　某企业薪资变动单

2018 年 10 月工资变动单
一、本月变化情况
1. 财务部资金会计赵元吉于 10 月 31 日正式离职，工资发放截止到 10 月底。
2. 司机王海滨 10 月 1、2 日在公司值班，按加班计算。审批表附后。
3. 保安李贺 10 月 2、3、17、24 日在公司值班，按加班计算。审批表附后。
4. 保安李贺 10 月 9、16、23、30 值夜班，根据公司 2013 年《关于确定保安夜班补助标准的通知》，夜班费 70 元 / 天。
二、常规项目
1. 工程部内勤刘天天于 9 月 1 日入职，试用期 3 个月，9 ~ 11 月岗位工资和素质津贴按照 80% 计算。
2. 第三季度，公司完成利润总额预算进度，总经理、副总经理、总经理助理绩效工资暂按基数的 1.0 发放，待年底考核后，根据考核结果多退少补。

续上表

> 三、工资总额及人均工资
>
> 本月员工人数 213 人，较上月增加 1 人；应发工资 1 108 824.10 元，累计完成预算进度的 72%，本月应发工资较上月增加 45 312.80 元，增长比例 4.26%。职工平均工资 5 205.75 元，较上月增加 189.19 元，增长比率 3.77%。
>
> 制表人：   审批人：

薪资变动单的结构非常简单，主要包括三个部分：标题、正文和审批过程。

1. 标题。"2018 年 10 月薪资变动单"是较为简单的格式，包括时间、表单名称这两部分必需的内容。一些企业即使是内部流转的单据也需要加上单位名称，那么就应该按照"某某企业 2018 年 10 月薪资变动单"或"某某企业 2018 年 10 月职工薪资变动单"这样的格式来写。

2. 正文。正文包括三部分：本月变化情况、常规项目、工资总额和人均工资。

本月变化情况应该是本月工资表较上月的变化情况。一般来说，变化情况应体现员工的增人、增资、减人、减资、加班、特殊岗位补助以及其他临时性薪资变动情况。

常规项目则反映一个较长时期内需要注意的内容。例如"工程部内勤刘天天于 9 月 1 日入职，试用期 3 个月，9 ～ 11 月岗位工资和素质津贴按照 80% 计算。"这一条，在 9 月份的薪资变动单中是放在本月变化情况中的，但这一变化要持续 3 个月，所以在 10 和 11 月份在常规项目中体现。12 月份要在本月变化情况中注明"工程部内勤刘天天于 9 月 1 日入职，试用期 3 个月，经考核合格转正，自 12 月起岗位工资和素质津贴按照 100% 计算。"如图 2-1 所示。

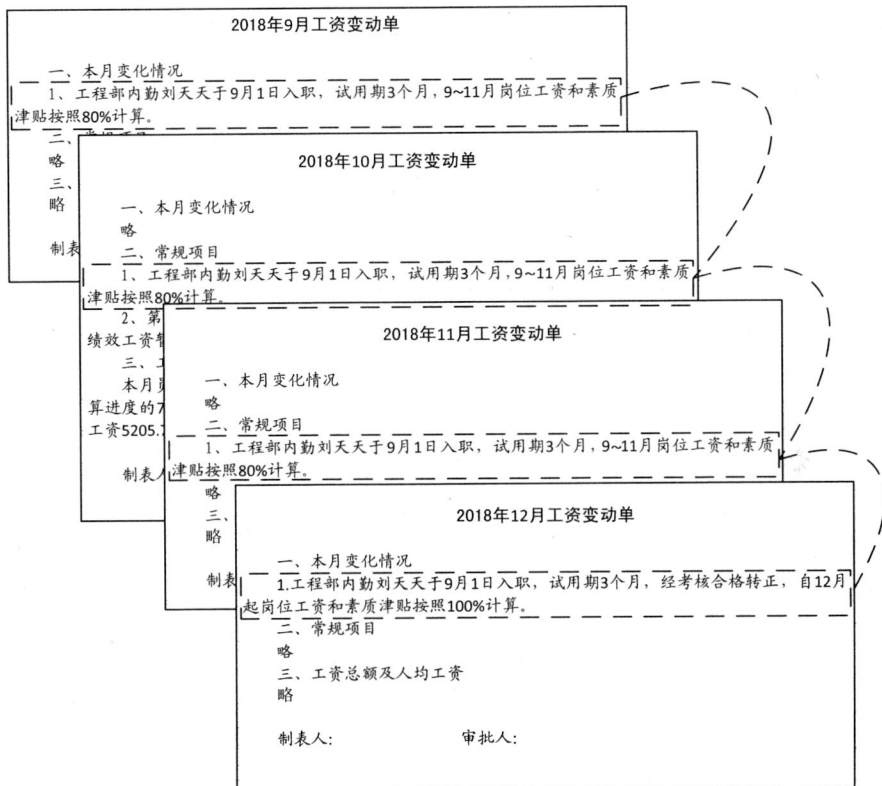

图 2-1   9 ～ 12 月工资变动单对刘天天入职的表述方式比较

工资总额和人均工资是薪资变动单所应当反映的内容。在未建立人事报告制度的企业，还会要求薪资变动单中增加福利、补贴等内容的变化情况。这些变化情况要体现出：员工人数的变化、工资总额变化、人均工资变化、工资总额预算执行的情况以及福利、补贴等因素同比变化情况等。其中：工资总额变化应该包括工资总额、较上月增长金额、比例。受季节性因素，有些企业业绩受季节影响明显。例如每年 10 月份大闸蟹上市当月的销售量巨大，销售人员薪酬水平也相应提高，10 月份的销售收入和工资基数与上月比较的意义不大，这时薪酬专员可以在变化中加上与上年同期相比的变化情况等；工资总额预算执行的情况是指当月工资总额与预算当月工资总额相比的情况，工资总额截止到工资发放月与预算累积进度相比的情况。很多企业会在 6 ～ 7 月份或 12 月份，集中发放员工半年 / 全年的奖金或绩效工资，便会出现年度预算并不是按月平均分摊的情况，所以在做预算执行情况比较时，应该同时考虑上一年度预算进度。

3．审批过程。由于是企业内部行文，加之工资变动单是月工资表的附件，而工资表中对审批程序有详细规定，所以工资变动单上体现出制表人和审批人就可以了。

2.1.2　工资表

工资表的样式依据薪酬制度确定。各企业员工薪酬核算的方法不同，工资表形式也是不同的。同一企业不同岗位员工工资核算方法有所不同，工资表也应有差异。例如高管人员采用年薪制考核，月工资表上就是简单的基本薪酬；职能部门员工采用了岗位制工资，工资表上就需要有很多项目，如基本工资、岗位工资、绩效工资等；销售人员只是一个简单的业务提成表。工资表形式各异，不同点主要在工资项目上，工资表的编制方法大同小异。本章以一张较为复杂的岗位制薪酬体系的工资表为例如表 2-2 所示。

表 2-2　某企业 2018 年 10 月份工资表

序号	部门	姓名	职位	基本工资	工龄工资	司龄工资	素质津贴	岗位工资	职务津贴	缺勤扣款	部门考核系数	个人考核系数	绩效工资基数	绩效工资	法定假加班天数	加班工资	午餐补贴	交通补贴	电话补贴	夜班补贴	各项补贴合计	"基本养老保险"	"基本医疗保险"	失业保险	"住房公积金"	"其它"扣款	税前应发	"个人所得税"	实发数
1		王跌嵩	总经理	3 575.00	340.00	650.00	600.00	4 000.00	2 000.00	-	1.00	1.00	20 000.00	20 000.00			720.00	360.00	500.00		1 580.00	-1 078.80	-269.70	-272.70	-1 618.20		29 505.60	-3 491.12	26 014.48
2		杨晓明	副总经理	2 860.00	270.00	550.00	800.00	3 500.00	1 800.00	-	1.00	1.00	16 000.00	16 000.00			720.00	360.00	400.00		1 480.00	-1 078.80	-269.70	-272.70	-1 618.20		24 020.60	-2 394.12	21 626.48
3		杜世军	总经理助理	2 574.00	310.00	850.00	100.00	3 000.00	1 500.00	-383.17	1.00	0.90	14 000.00	12 600.00			680.00	340.00	350.00		1 370.00	-1 078.80	-269.70	-272.70	-1 618.20		18 681.43	-1 326.29	17 355.14
4	办公室	王勇	办公室主任	2 431.00	280.00	450.00	400.00	2 500.00	1 200.00	-	0.90	0.90	10 000.00	8 100.00			720.00	360.00	300.00		1 380.00	-1 078.80	-269.70	-272.70	-1 618.20		13 501.60	-790.16	12 711.44
5	办公室	赵丽丽	办公室副主任	2 145.00	270.00	300.00	400.00	2 000.00	800.00	-	0.90	1.00	6 000.00	5 400.00			720.00	360.00	250.00		1 330.00	-1 011.60	-252.90	-255.90	-1 517.40		9 607.20	-400.72	9 206.48
6	办公室	刘雪	行政助理	1 430.00	100.00	500.00	200.00	800.00		-509.43	0.90	1.10	3 000.00	2 970.00		592.07	720.00	360.00			1 080.00	-613.77	-153.44	-156.44	-920.65		5 827.77	-69.83	5 757.94
7	办公室	王海演	司机	1 430.00	140.00	700.00		500.00			0.90	1.00	800.00	720.00	2.00	764.14	560.00	280.00		280.00	840.00	-366.78	-91.69	-94.69	-550.17		3 481.38	-	3 481.38
8	办公室	李贵	保安	1 430.00	140.00	450.00		500.00			0.90	1.00	800.00	720.00	2.00	1 158.62	720.00	360.00	300.00		1 360.00	-460.69	-115.17	-118.17	-691.03		4 373.56	-	4 373.56
9	财务部	赵江	财务部经理	2 431.00	220.00	300.00	800.00	2 500.00	1 200.00	-	1.00	1.00	10 000.00	10 000.00			720.00	360.00	300.00		1 380.00	-1 078.80	-269.70	-272.70	-1 618.20		15 591.60	-999.16	14 592.44
10	财务部	李红芹	成本会计	1 859.00	180.00	400.00	600.00	1 800.00	500.00	-215.77	1.00	1.00	3 000.00	3 000.00			720.00	360.00	200.00		1 280.00	-769.52	-192.38	-195.38	-1 154.28		7 307.44	-114.22	7 193.22
11	财务部	赵元东	资金会计	1 573.00	120.00	500.00	400.00	1 800.00	300.00	-	1.00	1.00	1 500.00	1 350.00			680.00	340.00	100.00		1 120.00	-555.78	-138.94	-141.94	-833.67		5 276.90	-53.31	5 223.59
12	财务部	洪贺	出纳	1 430.00	100.00	500.00	300.00	800.00		-	1.00	1.00	1 000.00	1 000.00		215.86	720.00	360.00			1 080.00	-434.07	-108.52	-111.52	-651.10		4 120.65	-	4 120.65
13	人力资源部	某云	人力资源部经理	2 431.00	260.00	450.00	400.00	2 500.00	1 200.00	-332.92	1.00	1.00	10 000.00	10 000.00			680.00	340.00	300.00		1 320.00	-1 078.80	-269.70	-272.70	-1 618.20		14 988.68	-938.87	14 049.81
14	人力资源部	郝松	人事主管	1 859.00	140.00	250.00	600.00	1 800.00	500.00	-	1.00	1.00	3 000.00	3 000.00			720.00	360.00	200.00		1 280.00	-754.32	-188.58	-191.58	-1 131.48		7 163.04	-109.89	7 053.15
15	人力资源部	李笑元	人事专员	1 430.00	80.00	400.00	400.00	800.00		-	1.00	1.00	1 000.00	1 100.00			720.00	360.00			1 080.00	-423.20	-105.80	-108.80	-634.80		4 017.40	-	4 017.40
16	工程部	王氏	工程部经理	2 431.00	260.00	550.00	600.00	2 600.00	1 200.00	-702.62	1.10	1.10	10 000.00	12 100.00			640.00	320.00	300.00		1 260.00	-1 078.80	-269.70	-272.70	-1 618.20		17 058.98	-1 001.80	16 057.18
17	工程部	王建	工程师	1 859.00	200.00	650.00	600.00	1 800.00	500.00	-	1.10	1.00	3 300.00	3 300.00			720.00	360.00	200.00		1 280.00	-815.12	-203.78	-206.78	-1 222.68		7 740.64	-127.22	7 613.42
18	工程部	米武	工程师	1 859.00	120.00	600.00	400.00	1 800.00	500.00	-728.14	1.10	1.00	3 300.00	3 300.00			600.00	300.00	200.00		1 100.00	-716.07	-179.02	-182.02	-1 074.10	-100.00	6 699.65	-95.99	6 603.66
19	工程部	刘天天	工程部财务助理	1 430.00	70.00	150.00	320.00	640.00		-	1.10	1.00	1 000.00	1 100.00		90.00	720.00	360.00			1 080.00	-390.40	-97.60	-100.60	-585.60		3 705.80		3 705.80
…										…																			…
合计																													

完全掌握一张工资表的计算方法，需要对工资表项目分类管理。一般分为收入类、扣除类和发放类三类如图 2-2 所示。

```
                    ┌──────────┐
                    │  工资表  │
                    └──────────┘
  ┌──────────┐      ┌──────────┐      ┌──────────┐
  │  收入类  │  —   │  扣除类  │  =   │  发放类  │
  └──────────┘      └──────────┘      └──────────┘
```

图 2-2　工资表项目分类

1．收入类。收入类就是员工赚到的部分。员工基本工资、工龄工资、司龄工资、素质津贴、岗位工资、职务津贴、绩效工资、加班工资、午餐补贴、交通补贴、电话补贴、夜班补贴等都属于收入类。这些钱都是由企业发放给员工的。

2．扣除类。扣除类就是企业自己或代替政府从员工收入中扣除的工资。员工缺勤扣款、其他扣款、基本养老保险、基本医疗保险、失业保险、住房公积金和个人所得税都属于这一范围。其中：缺勤扣款和其他扣款是依据企业制度由企业扣缴的款项；基本养老保险、基本医疗保险、失业保险、住房公积金和个人所得税是按国家规定需要在员工工资中提前扣除并由企业代缴的部分。

3．发放类。发放类包括应发工资和实发工资。实发工资就是税后工资。我们常常提到的工资水平是指应发工资，即在扣除五险一金个人缴费部分和个人所得税两项之前的部分。

在工资表的左侧纵列，是员工姓名、部门和职位。员工排名以部门为单位。这样便于清点人数。也有企业是按照员工职位、级别高低进行排序的，还有按照员工编号进行排序的。为了避免重名员工所造成核算错误，在编制工资表时往往会保留姓名、部门和岗位这三项。

我们快速浏览一下这一张工资表。工资表的阅读应该以人为基础，从左向右逐项了解。

王洪涛是总经理，他的收入包括基本工资 3 575 元、工龄工资 340 元、司龄工资 650 元、素质津贴 600 元、岗位工资 4 000 元、职务津贴 2 000 元、绩效工资 20 000 元，这几项合计 31 165 元；补贴包括午餐补贴 720 元、交通补贴 360 元、电话补贴 500 元，共 1 580 元。

扣除内容包括基本养老保险 29 505.60 元、基本医疗保险 3 491.12 元、失业保险 272.70 元、住房公积金 1 618.20 元，合计 3 239.40 元。

收入项与扣除项相减，是 29 325.60 元。个人所得税 5 451.4 元，实际发放 26 014.48 元。

其他人员的工资情况是类似的。

2.1.3　各类附表

企业核算员工缺勤情况时，需要把考勤表作为工资表的附件之一。在薪资变动单中所提到的员工加班、值班等审批手续，也应该作为工资表的附件。在编制工资表时保留附件的目的是为了提高工资表编制的准确率，以及将来复核方便。

2.2　工资表编制发放流程

工资表由薪酬专员编制，有关部门和人员协助提供必要的信息；工资表编制完成后需要主管或相关人员进行核对；经审批后，由财务部门发放工资。

2.2.1　员工开具银行账户

新员工入职后，由财务部门统一在委托银行开立工资账户，办理银行卡，或者由员工个人提供指定银行的借记卡，由出纳将账号录入员工工资卡台账中。发放工资时公司出纳将工资转入账户如图 2-3 所示。

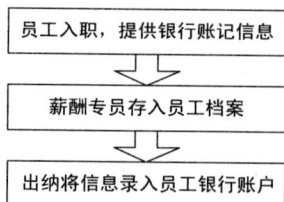

图 2-3　员工银行账户信息存档程序

2.2.2　工资表的编制程序

薪酬专员编制工资表，各部门及有关人员配合如图 2-4 所示。

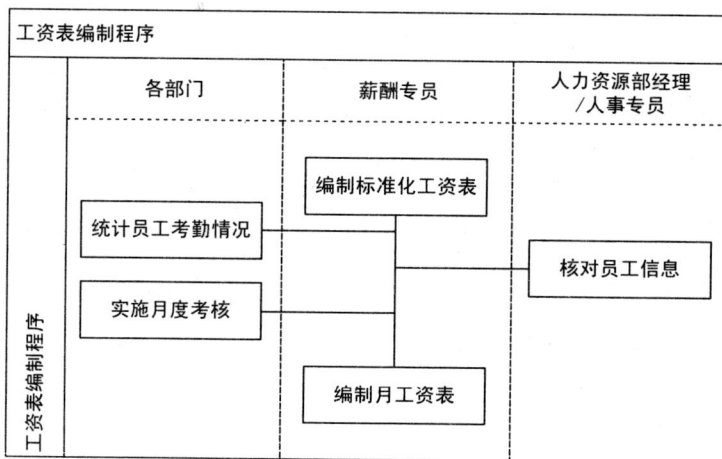

图 2-4　工资表编制程序

2.2.3　工资表审核程序

在中小企业，工资表是由总经理审核签字后发放；在大型企业，为了提高效率常常授权分管人力资源工作的副总经理签字发放；也有企业会将工资表审核的权限交给部门。可见，工资表应该由谁来审核，是管理风格的体现如图 2-5 所示。

工资表审核须经过编制、复核（审核）、审批三个环节，也就是要经过至少两道审核环节再发放是比较合理的。其中：复核（审核）环节是关键。实际工作中，到了审批环节时，更注重对薪酬整体及特殊人员的审核，已经不会过多关注每一名员工的工资情况了。管理者应该找到适合的人控制复核环节。

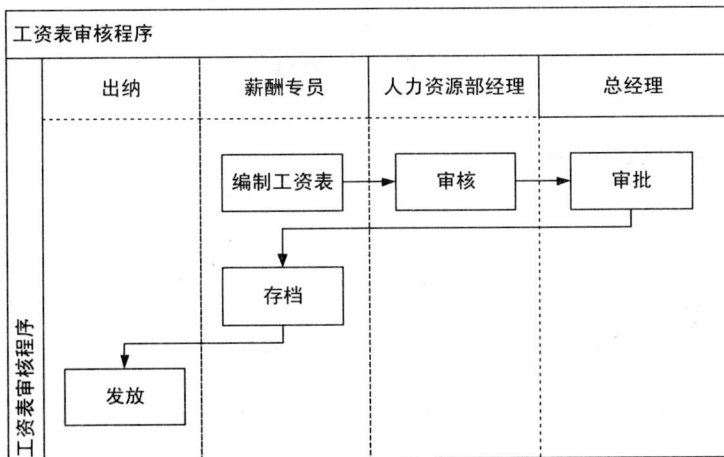

图 2-5　工资表审核程序

编制、复核 (审核) 和审批环节相关人员都应该签字，确保工资审核程序的完整性，并对工资表的质量负责。

2.2.4　工资发放程序

《工资支付暂行规定》规定："工资必须在用人单位与劳动者约定的日期支付。如遇节假日或休息日，则应提前在最近的工作日支付。"劳动法也规定了，工资应当按月支付给员工。这是对工资发放时间的限制。也就是说，一般情况下，工资支付不得迟于自然月30天。不同企业的发薪日是不同的，有些企业为上发薪，即在当月上旬先预付工资，在下月工资核算时多退少补；大部分企业则是在当月考核和考勤周期结束后的 5 日内兑现工资，例如企业的考核和考勤周期是上月25日至本月25日，工资的发放时间就定为本月30日前；如企业的考核和考勤周期是自然月，则工资发放时间就定为下月初的 5 日之前；还有些企业为隔月发薪,即在下月底发放上个月的工资。例如7月份的工资在8月31日前发放。

工资发放的环节是由薪酬专员和财务部出纳共同完成的。在几十年前,工资以现金形式发放,每次发工资,员工就会在财务部门口排起长队,签字、领取工资。现在,绝大部分企业是将工资发放到员工借记卡中。工资发放程序也有了变化。

小知识

工资按月支付的小账

《工资支付暂行规定》第七条规定"工资必须在用人单位与劳动者约定的日期支付。如遇节假日或休息日,则应提前在最近的工作日支付。工资至少每月支付一次,实行周、日、小时工资制的可按周、日、小时支付工资。"

多年来人们已经习惯了按月领取工资的方法。实际上,工资的支付方式有很多种,按时、日、周支付工资的情况仍然普遍存在。

工资支付周期与劳动用工形式、经济结算周期、劳动者保护因素有关。

工资按时、日支付的方式,多发生在临时性的劳动关系中。家里用的小时工、医院的陪护人员,其工作都是临时性的。每完成一次工作或一天下来,结算一次工资,是双方都能接收的形式。

延长工资结算时间,对用人单位是有利的。我们以1万元工资,1个月的结算周期来看。假设员工在当月1日,赚了1万元工资。根据规定,工资将按月支付,所以这1万元要到月底30日才能支付给员工。这笔钱暂时放在企业,在30天的时间里,可以产生多少收益呢?

直接按照银行活期利息计算：按 0.35% 的年利率计划，1 万元 1 个月可以产生 2.92 元收益。

按 5% 的定期理财产品计算，1 万元 1 个月可以产生 41.67 元收益。

如果一个公司总资产周转率是 12 次，产品销售利润率是 10%，这 1 万元重新投入到经营中，一个月可以产生 1 万元的收入，1 000 元的毛利。

如此看来，钱晚点发到员工手上，对用人单位是有好处的。所以，各国均颁布劳动法律对工资最短支付周期提出了要求，以确保劳动者的基本利益，绝大部分国家规定的工资支付周期最上限为自然月。

如图 2-6 所示，薪酬专员将工资表交给财务部出纳后，应同时制作员工工资条，并通知员工领取工资条。工资条一般需由员工本人领取，不允许代领。财务部出纳在收到薪酬专员编制的工资表后，应完成作账，并填写付款单，与银行联系，将相关单据交给银行，由银行将相关款项由企业账户转到每位员工的银行卡中。

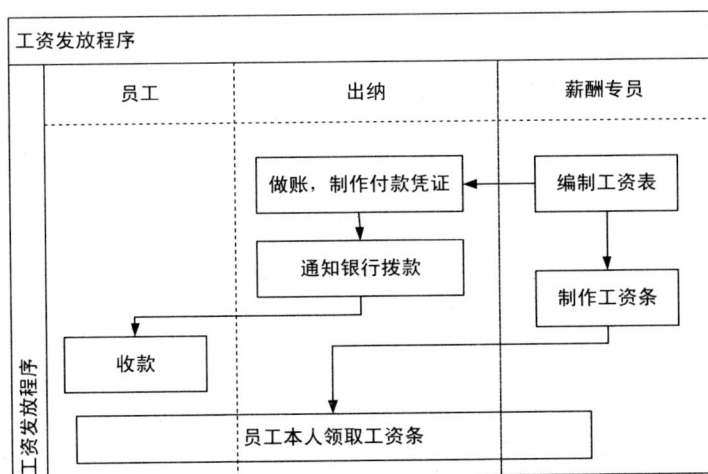

图 2-6　工资发放程序

图 2-6　工资发放程序

2.3 工资条的制作和发放

制作工资条是一件简单而繁琐的事情。使用人力资源信息系统或软件的企业，可以由系统直接生成员工的工资条。采用 Execl 编制工资表的企业，制作工资条就要麻烦一些。

2.3.1 工资条发放的法律要求

发放工资条是一项法定义务。《工资支付暂行条例》规定："用人单位必须书面记录支付劳动者工资的数额、时间、领取者的姓名以及签字，并保存两年以上备查。用人单位在支付工资时应向劳动者提供一份其个人的工资清单。"《劳动法》也规定了员工对企业制订的工资分配方案，享有知情权。通过工资条让员工了解自己的工资收入情况及企业工资制度便成为一项必须完成的工作。此外，工资条在法律上可以作为员工在企业的收入证明。这对员工和企业来说都是非常重要的。所以，企业在发放工资条时，应该确保员工亲自签收。

有些企业将工资条以邮件的形式发给员工，目前，普通邮件尚不能成为法庭证据。

2.3.2 工资条上应有的内容

工资条上应该有哪些内容，并没有定论。以本例为例，工资条上的内容包括：

1. 工资条的时间。

2. 员工姓名和职位，这是标识员工唯一性的标志。

3. 员工应发工资和实际发放工资。这两栏是员工最关心的内容，也是工资条中最重要的内容之一。

4．工资结构中的必要内容。前面提到工资包括基本工资、工龄工资、司龄工资、素质津贴、基本工资、工龄工资、司龄工资、素质津贴、岗位工资、职务津贴、绩效工资、加班工资、午餐补贴、交通补贴、电话补贴、夜班补贴等内容都应该在工资条中体现，即使该员工没有某一项收入或补贴，也应在工资条中罗列出来如表 2-3 所示。

表 2-3　某员工 2018 年 10 月份工资条

××公司 2018 年 10 月份工资条

部门	姓名	职位	基本工资	工龄工资	司龄工资	素质津贴	岗位工资	职务津贴	缺勤天数	缺勤扣款	部门考核系数	个人考核系数	绩效工资	加班工资
人力资源部	梁言	人力资源部经理	2 431	260	450	400	2 500	1 200	1	-332.92	1.00	1.00	10 000	0.00

午餐补贴	交通补贴	电话补贴	夜班补贴	各项补贴合计	应发工资	基本养老保险	基本医疗保险	失业保险	住房公积金	其它扣款	税前应发	个人所得税	实发数
680	340	300		1 320	18 228.08	-1 078.80	-269.70	-272.70	-1 618.20		14 988.68	-938.87	14 049.81

5．工资中实际扣除的款项要全部体现。例如缺勤扣款、其他扣款、基本养老保险、基本医疗保险、失业保险、住房公积金和个人所得税等，也就是要让员工清楚自己的工资支出了多少，都用于什么目的。

6．员工可以通过工资条了解到自己的工作状况的信息。例如缺勤天数、部门考核系数、个人考核系数等内容，虽然不是工资信息，但却影响了工资信息，并反映了员工的工作状态。

7．其他企业需要告诉员工的信息。有些企业会将年薪累计金额放到工资条中，以让员工了解自己全年已累计收入有多少钱；有些企业则会将工资保密的要求加在工资条中，以提醒员工不要泄露工资信息；有些企业会将工资查询及投诉方式印在工资条中。

2.3.3　较为复杂的工资条

上面例子中是比较简单的工资条，也有企业会将工资条做得更复杂一些。其反映的内容就更为丰富。例如某保险公司编制的工资条和佣金明细则就非常详细，如表 2-4、表 2-5 所示。

表 2-4　某保险公司员工工资表

姓名：　　　　　　　　　部门：　　　　　　　　　　　　　年　月

本月收入（元）		本月扣除（元）			本月其它	
			个人缴纳	公司缴纳	交通补贴（元）	
职位工资		考勤扣款				
职级工资		其他扣款			特别提醒	
外勤提成		养老保险			公司实行薪金保密制度，请您不要泄露和打听您及公司其他人员的薪资情况，是公司的基本制度。如有违反，公司将给予警告直到解除劳动合同	
外勤管理津贴		失业保险				
特殊津贴		工伤保险				
加班费		医疗保险				
午餐补贴		住房公积金				
提前补发		代扣税			本月税前应发（元）	
-		工会会费			本月税后实发（元）	

表 2-5　某保险公司佣金明细表

单位：元

年度		月份		姓名	
编号		机构		职级	
税前佣金合计		营业税		个人所得税	
税后佣金合计					
佣金明细					
首先佣金		续年佣金		责任津贴	
优质续保奖		个人销售奖		年终奖金	
增员奖金		增才奖金		SD 责任津贴	
育成津贴		管理津贴		新人成长奖	
晋升 SE 奖金		总监特别津贴		高级总监职务津贴	
聘才津贴		增组津贴		组部津贴	
折扣返还		助理业务主任津贴		培训津贴	
公积金		长期服务奖		加扣款合计	
社保补贴		辅导期津贴		跨服务部推荐奖	
加扣款明细					
营销激励		交叉销售管理津贴		微投佣金扣款	
业务推动加款		业务加款		养老公积金	
编号	保单号	险种	保单生效日	保费	佣金
1					
2					
3					

第 3 章　编制工资表实际操作演练

3.1　从学习薪酬制度开始

掌握一张工资表的计算方法，首先要了解各个项目的含义。

这些内容应在薪酬制度中有详细的说明如图 3-1 所示。以上一章工资表为例，包括以下内容：序号、部门、姓名、职位、基本工资、工龄工资、司龄工资、素质津贴、岗位工资、职务津贴、缺勤扣款、部门考核系数、个人考核系数、绩效工资基数、绩效工资、加班工资、午餐补贴、交通补贴、电话补贴、夜班补贴、各项补贴合计、基本养老保险、基本医疗保险、失业保险、住房公积金、其他扣款、税前应发、个人所得税、实发数。我们首先要掌握每一项数据的来源或计算方法。

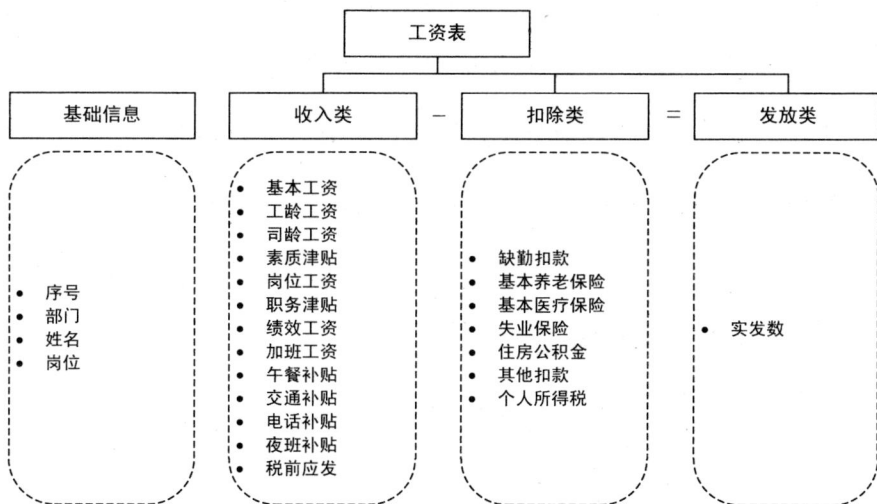

图 3-1　案例工资表的内容

3.1.1　序号

序号的编排一般是由小到大，方便人员清点。

3.1.2　部门

所列部门及部门内的员工应与员工花名册进行核对。负责员工人事安排的人事专员或人力资源部经理应将员工调整情况告诉薪酬专员。为稳妥起见，薪酬专员在编制工资表前，应当主动询问负责人事安排的人事专员或人力资源部经理当期人事变化情况。

3.1.3　姓名

员工姓名应该与员工花名册保持一致。

3.1.4　职位

员工职位变化信息的获得与部门变化信息是类似的。

3.1.5　基本工资

基本工资与哪些因素相对应，要查阅详细的薪酬制度。本例中的基本工资，与当地最低工资标准、员工岗位级别有关，制度中的规定为：

"基本工资＝本地当年最低工资标准 × 员工岗位级别对应系数。

员工岗位级别对应系数为正职 2.5；副职 2；助理 1.8；部门正职 1.7；部门副职 1.5；主管 1.3；主办 1.1；其他 1。"

3.1.6　工龄工资和司龄工资

工龄工资与员工工作时间有关，司龄工资与员工在企业工作时间有关。关于工龄工资和司龄工资的计算标准，国家并没有统一规定，是完全由企业自己确定的。本例中的规定为：

"工龄工资：自员工参加工作时间起，每不足一年按 10 元计算；司龄工资：自员工进入公司时间起，每不足一年按 50 元计算。员工在职期间脱产参加大学或研究生专业学习的，不计算工龄。"

3.1.7　素质津贴

素质津贴是与员工素质有关的津贴。对员工素质用什么来衡量，不同的企业有不同的标准。本例以员工的学历和职业资格两项来评定。

"素质津贴 = 学历津贴 + 技能津贴

其中：学历津贴：研究生以上的 400 元 / 月；本科生 200 元 / 月；专科生 100 元 / 月。

技能津贴：具有高级以上职称的 400 元 / 月；中级职称的 200 元 / 月。"

3.1.8　岗位工资

岗位工资与员工岗位有关，不同岗位的标准不同。员工从某一岗位调整到另一个岗位后，应当按照新岗位工资标准重新核定岗位工资如表 3-1 所示。

表 3-1　岗位工资标准表

职位名称	岗位工资标准（元）	职位名称	岗位工资标准（元）
总经理	4 000	客服部经理	2 300
副总经理	3 500	部门副职	2 000
总经理助理	3 000	主管	1 800
市场部经理	2 600	主办	1 500
工程部经理	2 600	助理	1 000
财务部经理	2 500	文员	800
人力资源部经理	2 500	工人	500
办公室主任	2 500		

3.1.9　职务津贴

职务津贴是因所任职务而发放的津贴，也就是员工担任某一职务后可以享受的津贴。通常来说，职务津贴只是针对某些特定群体的。本例职务津贴所提到的职务指得就是管理职务如表 3-2 所示。

表 3-2 职务津贴标准表

职务类别	职务津贴（元）	职务类别	职务津贴（元）
正职	2 000	部门副职	800
副职	1 800	主管	500
助理	1 500	主办	300
部门正职	1 200		

3.1.10 缺勤扣款

缺勤扣款实质上是与考勤相对应的工资。出勤工资的计算有两种方式：一种是根据员工实际出勤情况，按出勤天数计算员工的工资；另一种情况是按照员工缺勤天数计算工资。因为绝大部分的员工缺勤天数更少，所以计算起来也就更加方便。

本例中的缺勤扣款的计算方式如下：

"缺勤工资 = 工资基数 ÷21.75 天 × 缺勤天数

= （基本工资 + 工龄工资 + 司龄工资 + 素质津贴 + 岗位工资 + 职务津贴）÷21.75 天 ×（实出勤天数 - 实际出勤天数）

其中：21.75 天是根据《关于职工全年月平均工作时间和工资折算问题的通知》（2008 年 1 月 3 日劳社部发 [2008]3 号）的规定确定的月计薪天数。"

3.1.11 考核系数和绩效工资

这四项内容都是与核算绩效工资有关的内容，统一理解则较为便利如表 3-3 所示。对绩效工资的计算，各公司规定的方式是不同的，本例标准为：

"绩效工资 = 绩效工资基数 × 部门考核系数 × 个人考核系数"。

表 3-3　绩效工资基数表

职务类别	绩效工资基数（元）	与正职比例
正职	20 000	100%
副职	16 000	80%
助理	14 000	70%
部门正职	10 000	50%
部门副职	6 000	30%
主管	3 000	15%
主办	1 500	7.5%
文员	1 000	5%
工人、操作人员	800	4%

部门考核系数由企业根据各部门考核得分原则上采用强制比例确定：企业共 11 个部门，考核得分排名前 20% 的，即前两名部门考核系数为 1.1；考核得分排名靠后的 20%，即后两名部门考核系数为 0.9。

个人考核系数由各部门根据自己考核系数及员工个人考核得分确定如表 3-4 所示。

表 3-4　员工考核系数表

部门考核系数	员工考核系数		
	A 级 -1.1	B 级 -1.0	C 级 -0.9
1.1	0-30 分位	30 分位 -100 分位	无
1	0-15 分位	15 分位 -85 分位	85 分位 -100 分位
0.9	无	0-70 分位	70 分位 -100 分位

注：员工当月工作出现重大事故，严重违规，受到公司处分的，绩效考核等级为 D，绩效考核系数为 0。

3.1.12　加班工资

加班工资与缺勤扣款的计算方法类似。员工缺勤的情况会扣款，加班时，则会根据国家规定享受一定的加班工资。

国家关于加班的规定为：安排劳动者延长工作时间的，支付不低于工资的 150% 的工资报酬；休息日安排劳动者工作又不能安排补休的，支付不低于工资的 200% 的工资报酬；法定休假日安排劳动者工作的，支付不低于工资的 300% 的工资报酬。

一般情况下，计算加班工资的基数与计算缺勤工资的基数是一致的。企业在实际计算加班工资时，如果按照节假日加班、休息日加班和延时加班分别计算，则计算过程就比较麻烦。所以，一般企业会按照比例先折算加班天数，再乘以加班基数确定。即延时加班 1 小时按照 1.5 小时计算；休息日加班 1 小时按照 2 小时计算；节假日加班 1 小时按照 3 小时计算。本例中的加班工资计算公式为：

"加班工资 = 加班工资基数 × 加班天数 = （基本工资 + 工龄工资 + 司龄工资 + 素质津贴 + 岗位工资 + 职务津贴）÷21.75 天 ×〔（延时加班小时 ×1.5+ 休息日加班小时 ×2+ 节假日加班小时 ×3）÷8 小时〕"

3.1.13 各项补贴

各项补贴是企业自有的福利，由企业根据实际情况确定。

1. 本例中的午餐补贴根据员工实际出勤天数确定，员工每出勤一天有 40 元补贴。计算公式为：

"午餐补贴 = 员工出勤天数 × 补贴标准（40 元）"

2. 交通补贴同样根据员工实际出勤天数确定，员工每出勤一天有 20 元补贴。计算公式为：

"交通补贴 = 员工出勤天数 × 补贴标准（20 元）"

3. 电话补贴只有管理职务的人享受，每月标准如表 3-5 所示：

表 3-5 电话补贴标准表

职务类别	电话补贴（元 / 月）	职务类别	电话补贴（元 / 月）
正职	500	部门副职	250
副职	400	主管	200
助理	350	主办	100
部门正职	300		

4. 夜班补贴也是给予特定员工的补贴。本例中保安享有夜班补贴，每一次夜班 70 元。计算方法为：

"夜班补贴 = 员工夜班天数 ×70 元 / 天"

5. 各项补贴合计是以上各项补贴的合计数，计算方法为：

"各项补贴合计 = 午餐补贴 + 交通补贴 + 电话补贴 + 夜班补贴"

3.1.14　五险一金

基本养老保险、基本医疗保险、失业保险、生育保险、工伤保险和住房公积构成了我们平时所说的五险一金。

3.1.15　其他扣款

其他扣款指得的一些非正常或不可预期因素影响下的扣款。比如某员工受到罚款处罚，所罚款项在工资中代扣，又如某员工在上月核算工资表时多发了一些钱，需要在本月扣回，这些项目都应放在其他扣款项中。

3.1.16　税前应发、个人所得税

员工应按国家规定缴纳个人所得税。企业中个人所得税代缴义务人，按规定办理全员全额扣缴申报。这项工作有些企业是由财务部门完成，有些企业是由人力资源部在编制工资表时一并完成。

3.1.17　实发数

工资表中的实发数就是实际发放到员工手中的工资数，是员工在纳税并缴纳了社保、公积金费用后的所得，即平时所说的税后工资。

我们例子中的工资表是一张标准的岗位工资表，结构比较简单，每一项内容应该如何核算通过查阅薪酬、考核、考勤、奖惩等制度或相关的规

定、通知等就可以获得。涉及的计算量也比较少。本例中的工资表有几十项内容，是比较多的。现代薪酬设计的趋势是结构简化。例如目前较为流行的薪点制工资表中，就需要根据员工岗位、考核等情况，从薪点表中找到相应的薪点、薪级，而不需要再核算岗位工资、职务津贴这样的项目。工资表项目的简化，并不代表工资核算的难度降低。简化的工资表只是将一些复杂的计算和标准核定工作放到了幕后。例如，采用薪点表核定员工薪酬时，员工岗位或职级将决定其适用于哪个薪等；初始进入薪点表的级数及今后的考核情况将决定员工具体的级数标准。这些工作都需要结合员工任职能力评定、职级晋升情况、考核情况等进行核算。一样要将每一个薪酬项目的定义搞清楚，将如何核算该项目的制度找到，具体的说明文件找到，再根据员工的实际情况进行核定。

3.2 分步简化工资表编制

3.2.1 简化后的工资表

在熟悉了工资表中的各个项目后，就可以按照工资表的模板，编制工资表。为了确保薪酬核定中少出错或不出错，需要对工资表的内容进行简化，即将复杂的问题简单化。

简化后的工资表让人一目了然。再逐级梳理每一项信息，可以让工资表的逻辑性变得更加清晰。以下薪酬各项数据分析表中，我们列出了简化后工资表的三大类别，每一类别在工资表中所包含的项目，每一个项目从哪些渠道或文件中可以查阅到或获得等。实际工作中，如果我们能够把需要的文件编辑到一起，作为核算工资表的参考手册；将每月需要统计或收集的表格和数据的时间、负责人、联系人全部在后面列明，就可以得到一份非常详尽的工资表编制手册如表3-6所示。

表 3-6　简化的工资表

序号	部门	姓名	职位	应发工资	五险一金个人缴纳	其它扣款	税前应发	个人所得税	实发数
1	总经理	王洪涛	总经理	32 745.00	-3 239.40		29 505.60	-3 491.12	26 014.48
2		杨晓明	副总经理	27 260.00	-3 239.40		24 020.60	-2 394.12	21 626.48
3		杜世军	总经理助理	21 920.83	-3 239.40		18 681.43	-1 326.29	17 355.14
4	办公室	王勇	办公室主任	16 741.00	-3 239.40		13 501.60	-790.16	12 711.44
5	办公室	赵丽丽	办公室副主任	12 645.00	-3 037.80		9 607.20	-400.72	9 206.48
6	办公室	刘雪	行政助理	7 672.07	-1 844.30		5 827.77	-69.83	5 757.94
7	办公室	王海滨	司机	4 585.80	-1 103.60		3 482.20	-	3 482.20
8	办公室	李贺	保安	5 761.54	-1 385.76		4 375.78	-	4 375.78
9	财务部	赵江	财务部经理	18 831.00	-3 239.40		15 591.60	-999.16	14 592.44
10	财务部	李红芹	成本会计	9 619.00	-2 311.56		7 307.44	-114.22	7 193.22
11	财务部	赵元吉	资金会计	6 938.03	-1 668.12		5 269.91	-53.10	5 216.81
12	财务部	洪贺	出纳	5 425.86	-1 305.21		4 120.65	-	4 120.65
13	人力资源部	梁言	人力资源部经理	18 218.89	-3 239.40		14 979.49	-937.95	14 041.54
14	人力资源部	郝松	人事主管	9 429.00	-2 265.96		7 163.04	-109.89	7 053.15
15	人力资源部	李笑元	人事专员	5 290.00	-1 272.60		4 017.40	-	4 017.40
16	工程部	王元	工程部经理	20 279.99	-3 239.40		17 040.59	-998.12	16 042.47
17	工程部	王建	工程师	10 189.00	-2 448.36		7 740.64	-127.22	7 613.42
18	工程部	来武	工程师	8 923.28	-2 144.59	-100.00	6 678.69	-95.36	6 583.33
19	工程部	刘天天	工程部内勤	4 880.00	-1 174.20		3 705.80	-	3 705.80
...	...	...	...			...		...	...
合计									

3.2.2　工资表项目的获取途径

工资表中的项目及核算方式获取途径如图 3-2 所示。

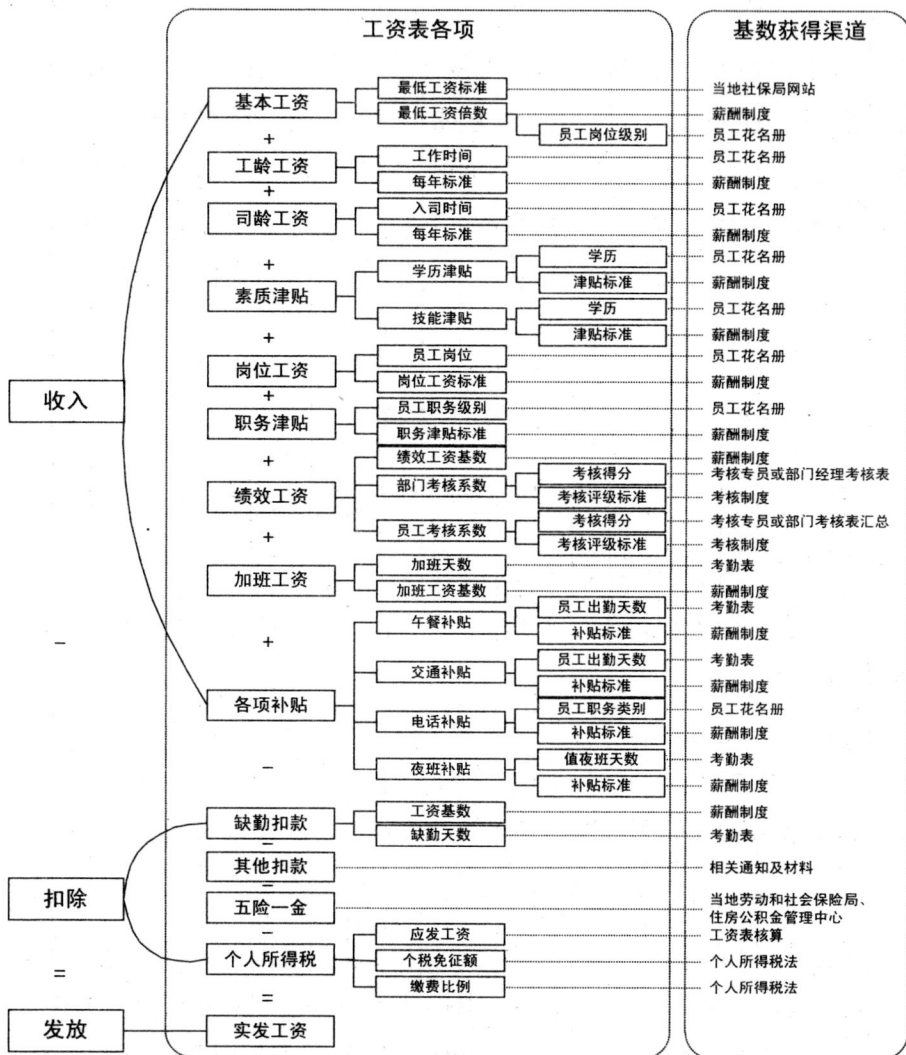

图 3-2　工资表项目及核算方式获取途径

　　能够完成对工资表的简化工作，说明我们已经可以熟练阅读工资表，了解工资表的内部结构，并对各项信息的收集渠道有了一定了解。接下来，就可以开始制作工资表的过程。

3.3　制作标准状态工资表

3.3.1　工资表标准化原则

工资表的项目是繁杂的，我们要想完全掌握一张工资表的计算方法，就需要先对工资表中的项目进行标准化。什么是标准化？就是不考虑缺勤、加班、扣款、考核结果等因素的影响而制作的工资表。标准化工资表的合理性在于管理者在设计制度时，是以绝大多数员工可以正常开展工作为前提的。也就是说，正常情况下，大部分员工的工资表应该是一个标准情况。

要让其标准化，就要对以下数据进行调整：

● 缺勤天数全部调整为 0 天；

● 部门考核系数和个人考核系数全部调整为 1；

● 加班工资全部调整为 0 元；

● 夜班补贴全部调整为 0 元；

● 其他扣款全部调整为 0 元。

按此调整后的工资表，即可作为一份当月标准的工资表。

3.3.2　标准化后的工资表

每个月在编制工资表前都需要制作标准工资表这一过程。这一看似复杂的过程，实际上却可以帮助薪酬专员避免很多错误。在大量数据面前，人们常常会过于关注那些变动的指标，所以在编制工资表时，数据核算错误，甚至将上个月的工资数据直接延伸到下个月发放也是常有的事。编制标准工资表也有利于在每月编制工资表时，真正做到逐人核对如表 3-7 所示。

表 3-7 标准化后的工资表

序号	部门	姓名	职位	基本工资	工龄工资	司龄工资	素质津贴	岗位工资	职务津贴	缺勤扣款	绩效工资	加班工资	各项补贴合计	应发工资	基本养老保险	基本医疗保险	失业保险	住房公积金基数	住房公积金	其它扣款	税前应发	个人所得税	实发数
1		王洪涛	总经理	3 575.00	330.00	650.00	600.00	4 000.00	2 000.00	0.00	20 000.00	0.00	1 580.00	32 735.00	-1 078.80	-269.70	-272.70	13 485.00	-1 618.20		29 505.60	-3 491.12	26 014.48
2		杨晓丽	副总经理	2 860.00	260.00	550.00	800.00	3 500.00	1 800.00	0.00	16 000.00	0.00	1 480.00	27 250.00	-1 078.80	-269.70	-272.70	13 485.00	-1 618.20		24 020.60	-2 394.12	21 626.48
3		杜世军	总经理助理	2 574.00	300.00	850.00	100.00	3 000.00	1 500.00	0.00	14 000.00	0.00	1 430.00	23 754.00	-1 078.80	-269.70	-272.70	13 485.00	-1 618.20		20 524.60	-1 694.92	18 829.68
4	办公室	王勇	办公室主任	2 431.00	270.00	450.00	400.00	2 500.00	1 200.00	0.00	10 000.00	0.00	1 380.00	18 631.00	-1 078.80	-269.70	-272.70	13 485.00	-1 618.20		15 401.60	-980.16	14 421.44
5	办公室	赵丽丽	办公室副主任	2 145.00	260.00	300.00	400.00	2 000.00	800.00	0.00	6 000.00	0.00	1 330.00	13 235.00	-1 058.80	-264.70	-267.90	13 245.00	-1 589.40		10 063.20	-446.32	9 616.88
6	办公室	刘雪	行政助理	1 430.00	90.00	450.00	200.00	800.00	0.00	0.00	3 000.00	0.00	1 080.00	7 050.00	-564.00	-141.00	-145.20	7 110.00	-853.20		5 400.60	-57.02	5 343.58
7	办公室	王海滨	司机	1 430.00	140.00	700.00	0.00	500.00	0.00	0.00	800.00	0.00	1 080.00	4 650.00	-372.00	-93.00	-96.00	4 650.00	-558.00		3 531.00	-	3 531.00
8	办公室	李贺	保安	1 430.00	140.00	400.00	0.00	500.00	0.00	0.00	800.00	0.00	1 080.00	4 350.00	-348.00	-87.00	-91.00	4 400.00	-528.00		3 341.00	-	3 341.00
9	财务部	赵江	财务部经理	2 431.00	210.00	300.00	800.00	2 500.00	1 200.00	0.00	10 000.00	0.00	1 380.00	18 821.00	-1 078.80	-269.70	-272.70	13 485.00	-1 618.20		15 591.60	-999.16	14 592.44
10	财务部	李江芹	成本会计	1 859.00	170.00	400.00	600.00	1 800.00	500.00	0.00	3 000.00	0.00	1 280.00	9 609.00	-768.72	-192.18	-195.38	9 619.00	-1 154.28		7 307.44	-114.22	7 193.22
11	财务部	赵元吉	资金会计	1 573.00	110.00	500.00	400.00	1 800.00	300.00	0.00	1 500.00	0.00	1 180.00	7 363.00	-589.04	-147.26	-150.46	7 373.00	-884.76		5 600.48	-63.01	5 537.47
12	财务部	洪贺	出纳	1 430.00	90.00	450.00	300.00	800.00	0.00	0.00	1 000.00	0.00	1 080.00	5 150.00	-412.00	-103.00	-107.20	5 210.00	-625.20		3 956.60	-	3 956.60
13	人力资源部	吴言	人力资源部经理	2 431.00	250.00	400.00	400.00	2 500.00	1 200.00	0.00	10 000.00	0.00	1 380.00	18 561.00	-1 078.80	-269.70	-272.70	13 485.00	-1 618.20		15 381.60	-978.16	14 403.44
14	人力资源部	颜松	人体主管	1 859.00	130.00	200.00	600.00	1 800.00	500.00	0.00	3 000.00	0.00	1 280.00	9 369.00	-749.52	-187.38	-191.58	9 429.00	-1 131.48		7 163.04	-109.89	7 053.15
15	人力资源部	李宪元	人事专员	1 430.00	70.00	350.00	400.00	800.00	0.00	0.00	1 000.00	0.00	1 080.00	5 130.00	-410.40	-102.60	-106.80	5 190.00	-622.80		3 941.40	-	3 941.40
16	工程部	王元	工程部经理	2 431.00	260.00	550.00	600.00	2 600.00	1 200.00	0.00	10 000.00	0.00	1 380.00	19 021.00	-1 078.80	-269.70	-272.70	13 485.00	-1 618.20		15 781.60	-1 018.16	14 763.44
17	工程部	王建	工程师	1 859.00	190.00	650.00	600.00	1 800.00	500.00	0.00	3 000.00	0.00	1 280.00	9 879.00	-790.32	-197.58	-200.78	9 889.00	-1 186.68		7 512.64	-120.38	7 392.26
18	工程部	米武	工程师	1 859.00	110.00	550.00	400.00	1 800.00	500.00	0.00	3 000.00	0.00	1 280.00	9 499.00	-759.92	-189.98	-194.18	9 559.00	-1 147.08		7 261.84	-112.86	7 148.98
19	工程部	刘天天	工程部内勤	1 430.00	60.00	150.00	320.00	640.00	0.00	0.00	1 000.00	0.00	1 080.00	4 680.00	-374.40	-93.60	-96.80	4 690.00	-562.80		3 561.40	-	3 561.40
…	…	…	…	…	…	…	…	…	…	…	…	…	…	…	…	…	…	…	…	…	…	…	…
合计																							

3.4　收集工资表关注信息

标准工资表制作完成后，就需要收集工资表变动信息，并依次做好数据的调整。在本例中，信息的收集渠道包括以下几个方面。

3.4.1　上个月的工资变动单

工资变动单是编制工资表的重要凭据。它所列是一些特殊的变化，需要专门列明并备注的信息。工资变动单不但对当月的工资信息有参考价值，对以后月份的工资信息一样有参考价值。例如，在本例工资变动单中，有一条为："工程部内勤刘天天于 9 月 1 日入职，试用期 3 个月，9 ～ 11 月岗位工资和素质津贴按照 80% 计算。"也就是说，该员工 9、10、11 三个月都需要按照试用期标准核定工资，而 12 月份起才按照正式员工标准核定工资。在这四个月的工资变动单中，就应该有以下记录：

"9 ～ 11 月份：工程部内勤刘天天于 9 月 1 日入职，试用期 3 个月，9 ～ 11 月岗位工资和素质津贴按照 80% 计算。

12 月份：工程部内勤刘天天于 9 月 1 日入职，试用期 3 个月，11 月 30 日转为正式员工，自 12 月起，岗位工资和素质津贴按照 100% 计算。"

该员工 12 月份已经纳入标准工资范畴，所以下一月工资变动单就不再体现此信息了。

通过翻阅上个月的工资变动单，薪酬专员可以直接了解到哪些员工的工资不在标准状态下，并做相应调整。

3.4.2　本月员工花名册或人事月报

员工的花名册或人事月报表可以给工资表的编制工作提供很多信息。

例如哪位员工由办公室调到了工程部，哪位员工由文员晋升为了主管。工作岗位发生了变化，薪酬计算的标准自然也应该同步变化；另外，有些员工也许刚刚取得了中级职称或研究生学历，这些信息需要在人事报表中记录，也需要在核算工资时予以考虑。

3.4.3　考勤表

考勤表是员工工资核算的重要依据。通过考勤表可以了解到员工的出勤、缺勤、加班、值班、事假、病假、带薪假等情况。这些信息看似简单，核算起来却十分麻烦。因为国家对缺勤及休假期间的工资规定比较多，不同情况下的工资核算方法是不同的。例如，根据记录员工休假是需要按缺勤扣款的，但员工申请以本人未休的年假充抵事假，就可以不扣减工资。再比如，对员工医疗期间的工资支付，国家有明确规定，不能简单地按照缺勤处理。

3.4.4　考核结果

关于绩效工资如何与考核结果挂钩，有些企业是在薪酬制度中规定，有些企业则是在考核制度中规定。无论规定如何，在编制工资表时都需要统计员工的考核结果。

收集考核结果，需要与不同的部门或同事进行沟通。

1. 各部门员工考核表。人力资源部可以直接与其他部门负责人联系，要其提供按制度规定有其签字的员工考核表。

2. 各部门考核结果。员工考核的归口部门在人力资源部；部门考核的归口部门则未必在人力资源部。如果企业有专人负责部门考核，人力资源部直接到该员工处获得各部门考核等级结果。否则，人力资源部就需要按照考核制度要求，汇总各部门的考核表，并按程序请总经理、分管副总经理及相关人员评分，计算考核得分，并按制度计算考核等级。

3．企业领导考核结果。企业领导人员的考核在程序上并不复杂，考核制度中一般也会有详细的规定，但收集、整理和计算考核结果的过程比较麻烦。在核定企业领导考核结果时，需要注意几点：一是程序规范，要按照考核制度要求提醒并催收考核表；二是合理沟通，沟通前要提前熟悉相关规定，特别是工作程序方面的规定，要把当前的程序及以后的程序一并告诉企业领导，让他们心中有数；三是核对细致，员工考核数据量比较大。100 名员工，每人 5 个指标，就是 500 个数据。按照 99% 的准确率，每次也会有 5 个数据差错的可能。但如果这 5 个数据错误发生在某一位领导身上，在领导的印象中差错率就是 100%。所以一定要重点核对企业领导人员的数据。不清楚的，一定要提前与本人沟通。

3.4.5　其他与薪酬有关的通知、要求等

常常会有一些非常规项目在薪酬表中体现，例如，办公室在工作检查中发现某员工有工作纪律问题，按规定要扣减其工资。于是办公室做出处罚，但这个消息未必会通知人力资源部。所以，人力资源部要主动询问和收集相关信息。如果有类似情况的，应将有关通知的文字材料，如复印件，作为工资变动单的附件，以备将来核查。

3.5　工资表编制完善程序

如果前期工作准备得充分，编制工资表就是一件很简单的事情。编制工资表就是在标准状态的工资表，把员工变动、缺勤、加班等信息逐一填到里面。

3.5.1　工资表的编制顺序

如果我们把工资表看为行和列的矩阵。行代表了员工，列代表了项目，由于每一列代表了一定的信息，而这些信息的收集一般来自于同一渠

道，信息归结一般也在一起，所以填写工资表时，应该按列填写如图 3-3
所示。

序号	部门	姓名	职位	基本工资	工龄工资	司龄工资	素质津贴	岗位工资	职务津贴	缺勤扣款
1		王洪涛	总经理	3575.00	340	650	600	4000	2000	0.00
2		杨晓明	副总经理	2960.00	270	550	800	3500	1800	0.00
3		杜世军	总经理助理	2574.00	310	850	100	3000	1500	-383.17
4	办公室	王勇	办公室主任	2431.00	280	450	400	2500	1200	0.00
5	办公室	赵丽丽	办公室副主任	2145.00	270	300	400	2000	800	0.00
6	办公室	刘雷	行政助理	1430.00	100	500	200	800	0	0.00
7	办公室	王海滨	司机	1430.00	140	700	0	500	0	-509.43
8	办公室	李贺	保安	1430.00	140	450	0	500	0	0.00
9	财务部	赵江	财务部经理	2431.00	220	300	800	2500	1200	0.00
10	财务部	李红芹	成本会计	1859.00	180	400	600	1800	500	0.00
11	财务部	赵元吉	资金会计	1573.00	120	500	400	1800	300	-215.77
12	财务部	洪贺	出纳	1430.00	100	500	300	800	0	0.00

图 3-3　工资表填写顺序

填写工资表，应当先填写部门、姓名和职位列，因为已经有了标准状态的工资表，所以这一工作实际是在核对花名册、人事月报和员工异动信息；然后，应当由左向右填写基本工资、工龄工资、司龄工资等项目。在填写数据时，不仅要填写基本工资这样的薪酬项目，还要填写构成基本工资数据信息。以缺勤扣款为例，其计算方法为：

缺勤工资 ＝ 工资基数 ÷21.75 天 × 缺勤天数 ＝（基本工资 ＋ 工龄工资 ＋ 司龄工资 ＋ 素质津贴 ＋ 岗位工资 ＋ 职务津贴）÷21.75 天 ×(应出勤天数 - 实际出勤天数)。

人力资源部需要填写"当月应出勤天数、实际出勤天数和缺勤天数"，并将"基本工资 ＋ 工龄工资 ＋ 司龄工资 ＋ 素质津贴 ＋ 岗位工资 ＋ 职务津贴"的合计为缺勤扣款的基数。这样虽然稍显麻烦，但却可以确保数据的完整和准备。

3.5.2　同步填写工资变动单

工资变动单的作用已在前面有介绍，员工在填写工资表时，应当同时填写工资变动单。工资变动单中需要体现的内容包括：

1. 涉及工资计算标准变化，如员工当地最低工资标准发生变化的信息，薪酬制度调整，涉及的人员情况等。

2. 员工个人信息的变化，如员工所在部门、岗位、学历、职业资格等发生变化，或员工转正、离职、休长假等信息变化时才需要记录。

3. 员工加班、考核信息。前面说过，员工加班信息可以通过考勤表体现，也可以通过加班申请单体现。

4. 工资核算时的特殊情况。如当月员工考核表未能按时完成，为确保员工工资的正常发放，所有员工统一按照 0.9 的考核系数进行核算，在下一月份中再根据实际情况补回。这些情况需要在当月和下月工资变动单中单独说明。

5. 额外的补贴、奖惩等。这些内容诸如发放员工属于制度之外或非常规事件，需要单独说明。

6. 当月工资整体信息。如本章开始提到的本月工资表中员工总数，应发工资总额、预算完成进度、职工平均工资以及各信息较历史变化情况等。

3.6　核对程序和核对信息

3.6.1　工资表核对程序

工资表信息众多，即使是工作熟练人员，也难以确保工资表编制 100% 准确。对工资表进行核对就是十分必要的。核对过程是对编制过程的逆操作，如图 3-4 所示。

3.6.2　工资表核对中的关键点

1．依照工资变动单进行核对。工资变动单是在编制工资表时一并完成的。参考工资变动单检查工资表中是否相应进行了调整，则是对编制工资表的逆操作。

2．核对人员变化情况。参照上月末人数，本月新增人数和减少人数，核对本月末人数是否准确。几个数之间应该满足本月末人数 ＝ 上月末人数 － 减少人数 ＋ 新增人数。

3．核对固定因素。如最低工资标准、学历

```
┌─────────────────────────┐
│  依照工资变动单进行核对   │
└─────────────────────────┘
            ↓
┌─────────────────────────┐
│    核对人员变化情况       │
└─────────────────────────┘
            ↓
┌─────────────────────────┐
│     核对固定因素          │
└─────────────────────────┘
            ↓
┌─────────────────────────┐
│   核对数据是否存在错行     │
└─────────────────────────┘
            ↓
┌─────────────────────────┐
│   核对总体数据的准确       │
└─────────────────────────┘
            ↓
┌─────────────────────────┐
│ 重点核对企业领导、中层、销 │
│   售、生产人员工资         │
└─────────────────────────┘
            ↓
┌─────────────────────────┐
│          抽查             │
└─────────────────────────┘
            ↓
┌─────────────────────────┐
│   核对工资表中日期数据     │
└─────────────────────────┘
```

图 3-4　工资表核对程序

津贴、技能津贴、岗位工资这些数字是相对固定的。可以与上月数据进行对比，看是否有人员数据发生了变化，并关注该变化是否是本月的正常变化。

4．核对数据是否存在错行、错列。因为数据众多，薪酬专员在核对数据时很容易出现输错行、错列的问题。对此类数据的核对则要非常细致，经验也是非常重要的，有经验的人员可以对一些变化较大的数据异常敏感。

5．核对总体数据的准确。在工资表最下一栏合计栏中，各列数据的合计数计算出来，与工资表右下角的合计数进行比例，看右下角合计数是否是最右一列数字的总计数，是否是工资表相关各列数据的总计数。

6．重点核对企业领导、中层、销售、生产人员工资。以上是比较重要的或每月工资表变动较大的人员，也是最重要或最容易出现问题的人群。

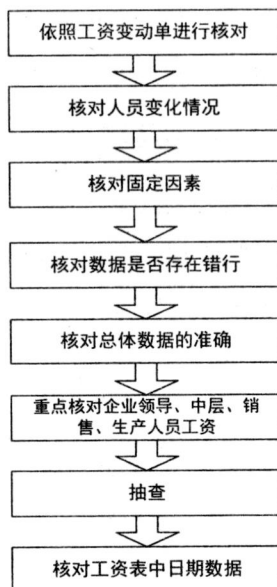

7．抽查。从工资表中挑选一定数量的员工，对其工资计算过程进行重复，看是否存在错误的情况。

8．核对工资表中日期数据。大部分企业工资表是用 Microsoft Execl 完成的，其中有些数据是直接用日期有关的公式计算的，例如工龄、司龄这此数据。工作人员的疏忽会造成一些日期未能及时更新。这一点也是容易出错的地方。

小 知 识

如何做到工资对财务人员保密

企业实施工资保密制度，从技术上来说，越少人接触到工资，其被保密的可能性就越高。理论上讲，只有老板和薪酬专员是了解全体员工薪酬情况的。从人力资源管理线来看，只要简化工资表的审批程序，则可以绕开人力资源部经理等一系列管理人员；但员工工资发放，需要财务拨款，工资保密如何绕开财务人员呢？企业只要让财务拨付银行工资总额就可以了。银行所需要的员工工资清单由人事部门直接交给银行就可以了。每个月财务按照人事部门提供的付款总额将工资打给银行（很多企业是通过托收完成）。这样财务虽然知道了每个月的员工工资总额，但因为没有看到详细的员工工资表，所以每一位员工的工资情况便无从掌握。

第4章 员工花名册的编制和维护

4.1 员工花名册基本要求

4.1.1 编制员工花名册的意义

编制员工花名册的意义和作用，主要表现在以下两个方面：

1．记录员工的基本情况。

员工花名册里包含了员工的基本情况，如姓名、所在部门、性别、年龄、学历学位、专业技能、政治面貌、工作情况等。从理论上来说，员工信息发生变化，都可以通过花名册体现出来如图4-1所示。

2．方便管理者管理决策。

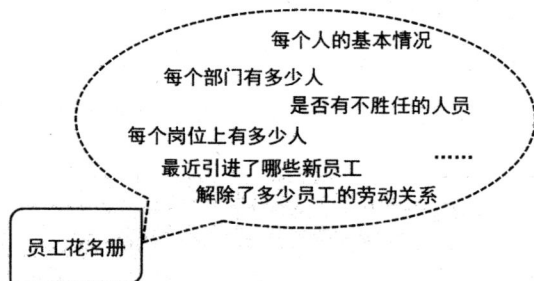

图 4-1 员工花名册可以提供的信息

有了花名册，管理者就可以知道每个部门有多少人；每个岗位上有多少人；每个人的基本情况是如何的；是否有不胜任的人员；是否有员工从一个岗位调整到另一个岗位；是否有员工从一个部门调整到另一个部门；

最近引进了哪些新员工，他们的情况如何；解除了多少员工的劳动关系等。另外，员工花名册还是员工档案的索引。员工档案是员工最详实、最可靠的基本材料。员工档案所包括的信息量非常多，管理者要了解员工的基本情况，通过翻阅档案来了解，效率很低。通过员工花名册就可以知道员工简单的情况。如果管理者想进一步了解员工更为详实的信息，可以通过查阅档案实现。通过阅读花名册，管理者不必一个员工一个员工地当面聊天，也不需要一个人一个人地翻阅档案材料，就可以掌握员工情况，提高工作效率。由于员工花名册是员工信息的汇总，管理者通过花名册还可以很方便地在员工间进行对比。就此看来，员工花名册的重要性是不言而寓的。

4.1.2　编制员工花名册的基本要求

员工花名册的编制与其使用是分不开的，一般来说，编制员工花名册有五点基本要求如图 4-2 所示：

1. 真实。员工花名册要为管理者提供决策参考，是管理者决策的依据。如果花名册的信息不真实，就会直接导致管理者的决策失误。所以编制员工花名册，不仅要记录，还要核对有关信息。

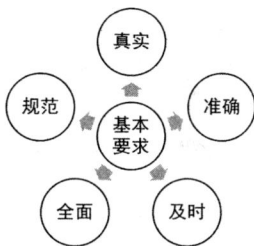

图 4-2　编制员工花名册的基本要求

2. 准确。真实和准确的区别在于：真实是表述了一件实实在在发生的事情，准确是表述的与发生的事情要一致。举个简单的例子，我们在说到学历的时候，常会用"大学学历"这样的表述形式。但"大学学历"是"大学本科学历"还是"大学专科学历"，我们无法判断。所以在很多企业编制员工花名册时要求在"学历"一栏注明"大学本科"或"大学专科"。这样的表述比大学学历要准确多了。

3. 及时。员工花名册有其时效性。也就是说，花名册要有一个时间节点。例如，我们编制花名册时会注明"2018 年员工花名册"，其含义就是，截止到 2018 年 12 月 31 日的员工情况。这就是一个时间节点，是记录到 2018 年 12 月 31 日这一时点时员工的情况。也许到了 2019 年 1 月 1 日，将有新的员工进入，有老员工离职等变化，这就不属于"2018 年员工花名册"所要陈述的范畴了。既然反映了时间节点，员工花名册自然需要及时完成。因为管理者要通过员工花名册判断员工的情况。当我们在 2019 年初需要了解员工情况并做出管理决策时，需要拿一份 2018 年底的员工花名册还是拿一份 2008 年底的员工花名册呢？当然是前者，因为 2008 年的员工花名册对于我们现在来说，实际效用并不大。

既然花名册的时效性是重要的，那么我们要把统计周期控制在多少是合适的。一般来说，按年编制一次花名册是必要的。有的企业则按季或按月编制花名册，这说明企业员工信息变化是比较频繁，管理者决策周期也是很短的。

4．全面。管理者会通过员工花名册，了解员工的基本信息，熟悉企业员工的配置情况，这也对员工花名册的全面性提出了要求。员工花名册不应是一个简单的人员名单。在人员名单后面要包括一些其他的内容，比如性别、年龄、学历、专业技能、政治面貌等。花名册所提供的资料越多，对于管理者来说，可供参考的内容就越全面。当然，员工花名册提供的内容太多，就会干扰管理者对重点内容的关注程度。所以花名册要根据管理者的需要制定项目的多少。太少了，起不到作用；太多了，反而让管理者的管理效率降低了，统计成本也会增加。

5．规范。所谓的规范，就是在编制员工花名册的时候，要按照统一的标准来表述。在编制员工花名册时采用统一的称谓、定义、表述方式，这样才能确保员工花名册使用时，都能看得明白。例如表述员工所在部门时，一般要使用部门的全称，这是规范的称呼。

4.2　规范编制员工花名册

员工花名册的编制包括三方面内容：制定员工花名册模板、编制员工花名册、员工花名册的维护。

4.2.1　制定员工花名册模板

制定员工花名册模板也就是确定员工花名册中应该包括哪些内容以及员工花名册应该以哪种形式展现出来。其中：员工花名册的内容要根据管理者所需要掌握的信息和员工花名册的用途来决定。

较为常见的员工花名册是统计表格的形式如表 4-1 所示。

表 4-1　员工花名册

序号	部门	岗位	姓名	性别	出生年月	婚姻状况	参加工作时间	入司时间	政治面貌	学历	学位	专业技术职务
1	办公室	主任	张三	男	1980 年 5 月	已婚	2002 年 7 月	2014 年 9 月	群众	大学本科	学士	初级经济师
2	财务部	会计	李四	女	1985 年 1 月	已婚	2010 年 7 月	2012 年 12 月	群众	研究生	硕士	会计师
3	销售部	销售员	赵五	男	1990 年 4 月	未婚	2012 年 7 月	2015 年 12 月	团员	大学本科	学士	无

4.2.2　编制员工花名册

以下涉及的员工花名册的编制和维护，我们将以较为常见的表格式的员工花名册为基础进行说明如图 4-3 所示。

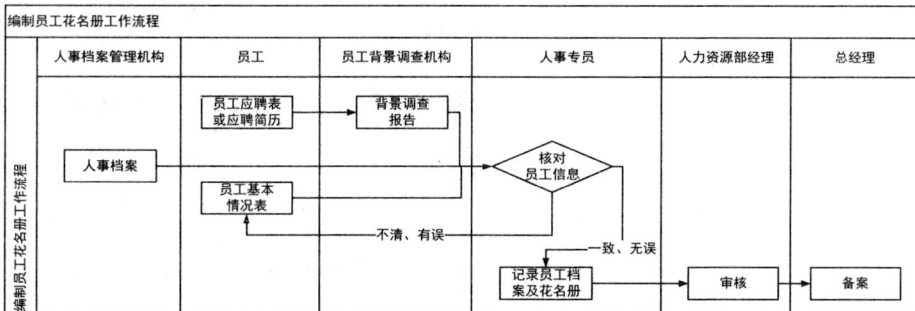

图 4-3　编制员工花名册工作流程

编制员工花名册工作一般由人事专员完成。人事专员从员工个人、档案管理机构和背景调查机构那里获得员工信息，并核对、汇总、整理后交给人力资源部经理和其他领导审核、备案。人事专员的业务熟练程度将决定员工花名册编制的质量和效率。

1. 人事档案。人事档案是员工花名册的基础。人力资源部应首先完成员工人事档案的清理，然后整理出员工花名册的信息。

对人事档案的信息清理会出现以下的情况：

（1）信息有误。信息有误产生的原因非常复杂。存在着员工故意和无意两种可能性。本人是不能翻阅自己档案的，所以员工个人信息与档案记载的信息是否一致，员工本人并不知道。档案在记录过程中，也可能存在着前后不一致的情况。例如员工个人在填写工作时间时常常按照自己到单位报到的时间计算。档案中核定这一时间则要根据大学生转正定级表或劳动合同等记载的内容，会导致时间不一致。

（2）信息不清。信息不清是较常遇到的问题。例如员工个人填写的信息中，本人在企业 A 工作 3 年，且先后做过员工、主管和部门经理。档案中所展示的，只是员工的劳动合同或离职时的一份证明。那么如何判断员工自己所表述的信息是真实的就成为一个难题。

（3）信息不全。应该说每个人的档案中都存在着信息不全的情况。因为档案管理在不同阶段的要求不同，所以档案完整的标准也是在不断变化的。而且档案的维护也是一个长期的过程，很多资料不能记入档案是正常情况。

2. 员工基本情况表。员工应聘信息所提供的内容是有限的。在员工入职时，企业总是会要求员工填写一份"员工基本情况表"。与花名册一样，员工基本情况表的格式也需要根据企业要求单独确定如表 4-2 所示。

表 4-2 员工基本情况登记表

基本情况						
员工姓名		性别	□男 □女	民 族		□已婚 □未婚
出生日期	年 月 日	出 生 地			省	市
籍 贯	省 市	户口所在地			省	市
户口类型	□非农业 □农业	现居住地点				
政治面貌	□中共党员 □共青团员 □群众 □其它			身份证号		
入党/团时间	年 月 日			*学 位		
学 历	□研究生 □本科 □大专 □高中 □初中以下 □其它：					
具备何职称		取得时间			年 月	日
具有执业资格		取得时间			年 月	日
具有执业资格		取得时间			年 月	日
具有执业资格		取得时间			年 月	日
参加工作时间	年 月 日	入司时间			年 月	日
最高学历		毕业学校				
所学专业		毕业时间			年 月	日
学习性质	□统招 □函授、夜大 □委培 □自考 □其它：					
学习方式	□脱产 □在职	学 制		年	学 位	
次高学历		毕业学校				
所学专业		毕业时间			年 月	日
学习性质	□统招 □函授、夜大 □委培 □自考 □其它：					
学习方式	□脱产 □在职	学 制		年	学 位	
家庭情况						
配偶姓名		电 话		手 机		
工作单位						
子女姓名		性 别		出生日期	年 月	日
□工作 □学习 □幼儿园 □其它：				联系方式		
选填内容						
*目前家中有无住房贷款				贷款到期日	年	月
*家庭住房情况	□自有住房 □租赁公有住房 □其它：					
配偶是否建立住房公积金		□是 □否		配偶身份证号		

备注：
学位指博士；硕士；双硕士；学士；双学士；

选填内容如家中有公积金贷款请务必填写；

家庭住房情况：自有住房指拥有个人产权的已购公有住房、商品房；租赁公有住房指承租房地局或单位公有房；其他指未购房、租住商品房、借住房等其他情况；

以上信息真实、准确。

签名：××

××××年×月×日

员工基本情况表也可以其他的表单代替。例如在国有企业，员工入职时一般要填写干部履历表。干部履历表中包含了员工基本情况表所需的绝大部分内容。这时企业就不必再要求员工填报基本情况表。需要注意的一点是，员工在填报基本情况表后，需要签字确认。这是一个重要程序，因为有的企业会在劳动合同或制度中规定，如果员工提供虚假信息，企业有权单方面解除劳动关系。员工基本情况表可以作为证明材料。

3. 背景调查报告。对重要岗位员工，企业通常会进行背景调查。背景调查的内容包括员工身份信息核实、学历信息核实、学籍地址核实、专业资格核实、民事诉讼记录、工作经历核实、刑事诉讼记录、工作表现核实、金融违规记录、执业资格核实等。其中，如身份信息、学历信息、学籍地址、专业资格、执业资格等核实可以从员工人事档案中直接采集到权威信息。而对民事诉论记录、刑事诉讼记录、金融违规记录等信息也可以从公安或相关机构数据库中查询。背景调查的重点是核实员工的工作经历和工作表现。很多企业也会将背景调查的工作委托第三方专业背景调查机构完成。

背景调查工作，由员工提供其之前工作单位的人力资源部负责人或其当时的领导的联系方式，由用人单位人力资源部与相关人员进行联系，并通过电话或面谈的形式了解该员工在企业工作情况，必要时查阅有关材料。

为了避免谈话内容偏离主题，人事专员在谈话前应该准备一份谈话提纲如表4-3所示。

表 4-3　背景调查谈话提纲

开场白： 　　您好，请问您是××？打扰您，我是××公司人力资源部××，不知您现在时间是否方便？贵单位原就职员工××到我单位应聘，我们想就该同志在贵单位工作期间的情况作一些了解： 　　问题： 　　1.　请问被调查者什么时间在贵公司工作，担任什么职务，主要的工作内容是什么？ 　　2.　在贵公司工作期间您认为被调查者的业务水平如何？是否与其岗位匹配？ 　　3.　被调查者能否按时按质完成上级交予的个人和团队任务？ 　　4.　被调查者在工作中和其他同事之间相处怎样？ 　　5.　被调查者在工作压力大的情况下表现怎么样？（抗压能力） 　　6.　被调查者在工作中有哪些突出的长处？ 　　7.　被调查者在工作中有哪些需要改进提高的地方？ 　　8.　您觉得被调查者的性格有什么特点？ 　　9.　请问被调查者离开贵公司的原因是什么？ 　　10.　在贵公司工作期间被调查者是否有违纪违规行为？ 　　11.　在贵公司工作期间被调查者是否与贵公司存在劳动争议？ 　　12.　您和被调查者的工作关系？ 　　13.　您还有其他情况需要帮我们介绍的么？ 结束语： 　　以上就是我想了解的有关情况，对于您对我们工作的理解和支持表示感谢，我的电话是139×××××××××，如果您还有什么需要补充的意见和情况可以直接与我联系。谢谢，再见！

　　在完成背景调查的工作后，应该就背景调查的情况出具一份报告，并将调查谈话记录附在调查报告的后面如表 4-4 所示。

表 4-4　×× 背景调查报告

一、基本信息： 姓名： 应聘职位： 二、被咨询人基本信息： 1. 甲公司				
序号	姓名	职务	电话	与被咨询人关系
1				
2				
3				

续上表

2．乙公司

序号	姓名	职务	电话	与被咨询人关系
1				
2				
3				

......

三、背景调查情况：

该员工在甲公司工作时间为：2011 年 4 月至 2011 年 12 月在 ×× 公司财务部任财务经理，2012 年 1 月至 2014 年 12 月任财务部经理，2014 年 12 月至 2016 年 1 月任财务总监。

该员工在职期间，主要负责企业筹建期的税务登记，财务架构设计，财务预决算到后期企业财务的管理，成本费用控制及费用，财务报表分析等工作。在任期间共 3 年被评为优秀员工。没有考核不合格的情况。经了解该员工离职是因为公司经营发展陷入困难，其个希望在市场上寻找到更好的发展机会。

该员工在乙公司工作时间为：......

四、总结

综上所述，该员工所提供的工作经历基本属实。但部分内容与核查存在出入。其中：

1．在甲公司财务部经理的工作时间为 2012 年 1 月至 2014 年 12 月，与本人提供的 2011 年 10 月至 2014 年 12 月不符。

2．甲公司于 2011 年 5 月上市，该员工 4 月份入司工作，简历中所提在公司上市中发挥重要作用的表述与工作时间有矛盾。

4．核对信息、记入档案并整理花名册。

如前所述，人事专员需要对员工信息逐项核对，并记入档案。这是一项繁杂而枯燥的工作。该工作质量的好坏会受到管理者对员工信息重视与否的影响。在有些企业，关键岗位的员工信息不能有一点含糊。有了这样的要求，人事专员在核对信息和记录档案时，管理者、被调查人都会给予全力的配合，提供证明材料，帮助联系相关人员。但绝大多数的岗位并不需要一个有着完美背景的员工，所以在信息整理的过程中，有些因素有比较难确定了。有时等候一份证明材料就需要花费很长的时间，甚至无法得到。除此以外，被调查人在企业的影响力也会对员工核对信息造成影响。例如对企业高管信息的核对，即使其提供的信息与真实情况不符，很多时候人事专员都会因无法掌握确凿的证据而无法提出对该信息的质疑。

4.2.3　员工花名册的维护

员工花名册中的信息不是一成不变的。当信息发生变化时，人事专员需要同步变更员工档案信息，并在花名册中体现出来如图 4-4 所示。

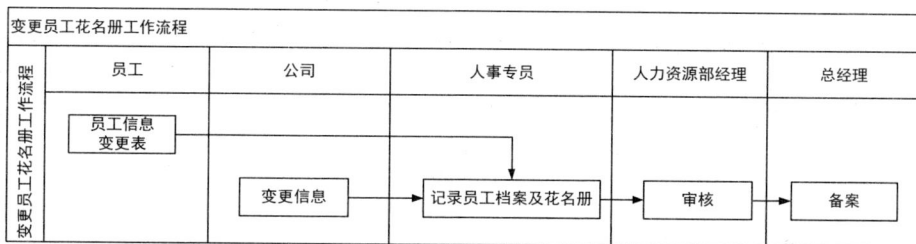

图 4-4　变更员工花名册工作流程

1. 员工信息变更。员工花名册的变更，一般是从员工信息变更开始。当员工个人信息发生变化时，一般需要同步跟进调整花名册。

员工个人信息的变更，关键在于取证。例如员工个人学历发生了变化，则需要向企业提供其学历证书的原件和复印件，由人事专员对原件进行核定后同步调整。而有些资料则是由其他单位直接将相关资料转到档案管理单位的。例如上例中员工学历发生变化，相应的学籍资料也是由学校直接转移到员工的人事档案管理机构。人事专员也可以通过查询详细信息，同步调整员工档案和花名册如表 4-5 所示。

表 4-5　员工信息变更表

姓名：　　　　　　　　　所在部门：　　　　　　　　　职务：

变更内容	变更前	提供材料或说明

变更人签字：　　　　　　　经办人：　　　　　　　人力资源部负责人：
　　　　　　　　　　　　　　　　　　　　　　　　年　　月　　日

2. 员工信息的自然调整。员工信息的变更并不一定由员工自己提出来。人力资源部应该注重跟进员工个人的信息变化。例如员工退休时，人事专员应该随时做好员工花名册中的减员。当企业信息或企业对员工的任用等信息发生变化时，人事专员也应该同步变更员工档案和花名册。企业调整了某员工的岗位，人事专员在得到正式的任免文件后，应该将任免文件的原件放入员工档案，并同步调整员工档案和花名册。

3．定期更新。员工花名册有时效性，这也就要求人力资源部定期更新花名册。定期更新花名册，也就是对员工档案的定期梳理，如果人事专员能够做到随时跟进调整员工档案和花名册，那么员工花名册的定期更新则主要是对年龄、工龄等信息的调整了。

小 知 识

干部档案

中组部干部档案是目前较为规范、全面的人事档案，其包括十大项内容：

1．履历材料。包括自然情况，如个人经历、家庭和社会关系等；履历材料，包括干部履历表等内容。

2．自传材料。包括干部本人在各个时期所写的自传，及本人写的经历、家庭情况、社会关系等情况。

3．考察、考核、鉴定、审计材料。包括个人鉴定；干部、党群机关工作人员、国家公务员党员、团员、学生等各类人员的鉴定材料等。

4．学历学位、职业、技术职务（称）评聘、科研学术成果材料。包括学历、学位、学绩、培训结业成绩表和评聘专业技术职务、考绩、审批材料等。

5．政审材料。包括有关干部本人历史重要关节问题的审查材料，党籍、党龄、国籍、参加革命工作时间的审查材料等。

6．党团材料。包括：中国共产主义青年团入团志愿书、入团申请书，中国共产党入党志愿书，入党申请书，党员登记表等。

7．奖励材料。包括：正式命名授予各种荣誉称号的审批（呈报）表和事迹材料，先进工作者审批表，事迹材料，立功受勋，嘉奖表彰等材料。

8．处分材料。包括：决定处分上报批复，本人对处分、处理的意见和检查、交代材料；干部违犯党纪、政纪、国法等材料；劳动教养审批材料等。

9．工资、聘（录）用、任免、调动、军（警）衔、转业复员、出国、会议代表等材料。包括：工资级别登记表，工资核定表；见习期、试用期、定级、晋级、升级等各种工资变动审批表、登记表等。

10．其他材料。包括其他对考察了解使用干部有参考价值的材料等。

4.3　花名册薪酬相关项目

国家对薪酬发放周期规定最长为月，即每月至少要发放一次薪酬，而员工花名册的更新周期并没有规定。编制工资表，以员工花名册为核对基数，如果员工花名册没有按月更新，则会存在工资表数据更新不同步的情况。基于此，人力资源部也可以单独设计应在花名册中体现的影响工资因素的统计渠道或方法。

4.3.1　员工岗位级别变化

工资表中调整员工岗位或级别变化情况，应该以公司的正式文件或决定为准。

1．任命文件。员工调整应该有任命文件。任命文件与员工岗位级别有关，岗位重要或级别较高的岗位一般会有公司的红头文件。在文件中如未写清具体的任职时间，则应以发文时间作为调整时间，并据此核定薪酬，如表4-6所示。

表4-6　任命文件

<div align="center">**××公司文件**</div> ××字〔2018〕10号　　　　　　　　　　　　　　　　签发人：×× <div align="center">**关于××职务聘任的通知**</div>公司各部门： 　　经公司董事会研究决定，兹任命××为公司财务部经理，任职时间自2018年10月1日起。 　　特此通知   <div align="right">××公司（盖章） 2018年10月8日</div>

一些岗位级别较低的员工常常没有正式的红头任命文件，而以人力资源部的员工岗位调整通知书代替。这份文件也是工资核算的依据。

2. 会议决定。会议决定也可以作为员工岗位级别调整的依据。会议决定可以是会议决议，也可以是会议纪要的形式。不同岗位级别的调整需要不同决策层次及审批权限，所以只有相应级别的会议决定才具有效力。例如，公司决定部门经理的任命和调整应该由董事决议，那么只有董事会的会议纪要或决议才具有效力，总经理办公会的会议纪要或决议是没有效力的，不能作为员工工资表中岗位级别调整的依据，如表4-7所示。

表4-7　员工岗位调整通知书

<div align="center">员工岗位调整通知书</div><div align="right">编号：20181001</div>××： 　　经公司研究决定，调离现销售部内勤岗位。自2018年10月1日起，新任职于财务部出纳岗位，本调整单送达后，请立即配合到人力资源部办理岗位调动手续并办理工作交接，按时到新岗位报到，逾期3日视为自动离职。 　　特此通知 <div align="right">人力资源部（盖章） 2018年9月15日</div>

3．签报文件。当一位员工岗位级别发生调整，公司没有正式文件或相应的会议讨论程序。为了不影响其工资的发放，可以通过签报的形式予以确认。签报的最高署名者对员工的调整承担责任，人力资源部有必要在签报程序后实施正常的岗位级别调整程序，补齐有关手续，如表 4-8 所示。

表 4-8　签报

签报	
王总： 　　根据财务部出纳内部竞聘上岗工作安排，经笔试、面试环节，销售部内勤××成绩突出，获得综合测试第一名。通过考察，销售部内勤×××于 2016 年入职，两年来工作认真勤勉，年度考核连续为 A 级。该同志在工作中团结同事，工作成绩和工作态度获得了同事们的一致认可。 　　综上，建议由销售部内勤××出任财务部出纳岗位工作，任职时间自 2018 年 10 月 1 日起计算。 　　妥否，请批示。 　　　　　　　人力资源部经理（签字） 　　　　　　　2018 年 9 月 15 日	领导批示： 同意任职。 　　　　　　　　　　王×× 　　　　　　　　2018 年 9 月 20 日

4．劳动合同。员工岗位级别发生变化，劳动合同也应相应调整，调整后的劳动合同同样可以作为调整和核定工资标准的依据。

4.3.2　时间变化引起的工资改变

有些公司工资表设计了工龄工资或司龄工资。这些都会随着时间的变化相应地改变员工的工资水平。在工资表核算时一般有两种处理方式：

每年 1 月份统一调整。工龄或司龄的计算大多精确到年，所以每年 1 月份统一调整工龄或司龄的方式较为常见。

按月调整。也有公司将时间精确到月，根据员工参加工作年份和月份或到公司年份和月份进行调整，对此类调整，人力资源部应提前确定好员工当年调整时间，每月编制工资表时，都与员工全年工龄司龄变化时间表进行核对，如表4-9所示。

表4-9　员工工龄司龄变动时间表

员工	所在部门	岗位	工作时间	入司时间	工龄调整月份	司龄调整月份
张三	财务部	会计	2001年8月	2011年2月	8月	2月
…						

4.3.3　员工学位学历引起的变化

员工学位、学历、执业资格或职业资格发生变化，都可能引起工资表的变化。人力资源部在核定以上数据时，要以员工所获得的证书原件或档案中正式认证文件为准。对有些员工发放证书晚于实际获得时间的，人力资源部可以按照证书上实际记录的时间，向前追溯补发薪酬。

第 5 章　员工考勤和休假管理流程

5.1　员工考勤和休假管理

5.1.1　考核员工的出勤情况

考勤就是考核员工的出勤情况。管理者要开展考勤工作，首要工作就是记录员工的出勤情况。我们常见的出勤情况包括：出勤、迟到、旷工、早退、休假（病假、婚假、丧假、年假）、公休、加班（延时、工作日、法定假日）等如图 5-1 所示。

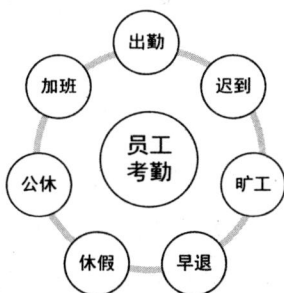

图 5-1　常见的考勤类别

出勤记录还要考虑具体的原因，比如有人打卡记录是"迟到"，但他按时上了班车，是班车堵车造成的迟到，不是个人原因，就不能算为迟到。再比如打卡记录有加班，但实际上企业没有安排加班，是员工离开时间较晚，就不能按加班处理。考勤的记录和考核工作可以是一个人做，也可以是许多人一起做。例如员工的考勤可以是公司前台统一记录，也可以是各个部门自己记录然后交给前台或人事专员汇总。现在越来越多的企业把记录的过程交给了打卡机这样的机器来完成，然后再由人事专员对记录进行甄别。

出勤情况要进行考核，还要应用到员工的考核、激励、奖惩等工作中。管理者对员工出勤情况进行考核，结果得出来了，还要与员工管理结合起来。很多企业有全勤奖，就是为了鼓励员工按时上下班。这是一种管理导向，特别是对生产操作类这样工作时间与工作业绩直接相关的人员而言。很多企业在核定员工工资时，会因员工缺勤扣除一定额度的薪酬，这是一种惩罚，也是一种管理导向。可见，考勤的目的并不是记录，而是要将考勤管理作为一个手段。简简单单的考勤工作，不仅做起来复杂，还包含着管理的重要信息。

5.1.2 考勤的作用

员工考勤有什么用呢？可以从三个方面来理解如图 5-2 所示。

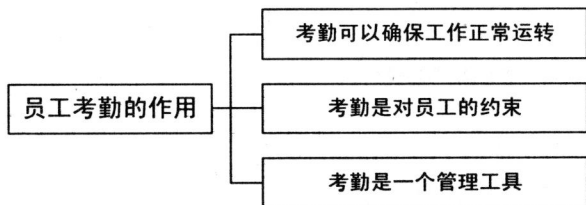

图 5-2　员工考勤的作用

1．考勤可以确保工作正常运转。管理者常常强调企业员工要成为一个团队，是一个"Team"，而不是一"群"人。团队意味着什么？它是一个有组织的群体，有共同目标，有团队领袖，还有详细分工。为了完成目标，每个人都要按照领导者的要求完成自己的角色任务。当团队中某一个人不在的时候，就需要别人来完成他的本职工作，这就影响其他人完成自己本职工作，造成团队整体效率下降。管理者在设计工作和工作岗位时，强调岗位设置的合理性，即要求每个人在岗位上都应该尽职工作。企业采用考勤，就是要求员工按要求出现在工作岗位上，完成自己的本职工作，以确保整体利益。

2．考勤是对员工的约束。企业管理无规矩不成方圆。企业考勤规定是要求全体员工统一遵守的规定，明确了员工工作时间、劳动纪律等内容。所有的员工按时按要求工作才能确保企业正常的工作秩序。所以考勤管理规定是企业最基本的要求。

用经济学的角度来看，劳动者的劳动时间和收入密切相关；劳动者的劳动时间与企业的产出也密切相关。管理者通过考勤督促员工努力工作，并最终提高企业整体工作效率。

3．考勤是一项管理工具。

（1）通过考勤了解员工的精神面貌。管理者常常会关注员工出勤率。出勤率就是员工实际出勤天数与应该出勤天数的比率。一般来说，员工的出勤率越高，说明员工越愿意参与工作；相反，员工的出勤率越低，说明员工的工作状态越不好。当一个企业濒临倒闭的时候，即使车间还有产品要生产，工人们也不愿意去上班。在这个时期，很多人都在担心自己的未来，会提前找新工作。相反，当一个企业处在上升期时，即使加班加点，员工们也不会有任何怨言，因为员工们知道自己的努力在将来是可以得到回报的。当员工出勤率很低时，管理者就知道员工士气低落，应想办法提振员工的士气。当员工们总是主动的加班加点时，管理者也会清楚员工们干劲儿十足，会鼓励员工们的工作热情。可见，在不同的情况下，管理者可以根据出勤率采用不同的管理策略。

（2）考勤是对员工个人考察的一部分。管理者在评定一位员工时，常常会提到"德能勤绩"这四个方面，其中，"勤"指的就是考勤。首先，考勤与员工的工作绩效是相关。员工投入到工作的时间长，工作效果自然会好一些；其次，员工是否有按时出勤的习惯，也是其职业素养的一种体现。

（3）统计并分析出勤情况，是企业定岗定编的要求。员工出勤稳定在一个合理的水平上，是管理者在设计岗位和编制时要考虑的重要因素。这就像给汽车设计一样，生产一个载重 5 吨的汽车，在汽车结构设计上肯定要留有一定的量。因为没有人会确保一辆载重 5 吨的汽车，拉的货永远不会超过 5 吨。所以在实际设计和生产时，一辆载重 5 吨的汽车总是能多装一点。而多装多少是合理的，就要参考企业的实际情况了。在中国一辆载重 5 吨的汽车在设计上可以装 8 吨的货；而在日本一辆载重五吨的汽车在设计上只可以装到 5.5 吨的货。这是因为中国超载现象和超载量都更为严重。同样的道理，在出勤率高的企业，管理者可以把岗位和每个岗位的编制及工作定得很满；在出勤率低的企业，管理者则要在定岗、定编及确定工作内容时打出一定的富裕量，以应对出勤率低的现实。比如一个车间需要两百名工人，从经验数据看，车间工人的出勤率在 95% 左右。也就是这两百名工人中长期会出现十名工人左右的缺勤。管理者在设计车间工人编制的时候，就应该设计一个浮动的范围。比如，工人数量确定在 210 人左右，或在排班时要确保有灵活机动的人员以应对临时性缺员。

5.2 考勤、请假、加班流程

5.2.1 考勤记录流程

以下流程图所展示的是基于公司采用打卡机记录考勤的工作流程。有些企业是由各部门记录自己的考勤，然后交人力资源部汇总，这样在程序上就不用人事专员单独联系各部门负责人对考勤结果进行确认如图 5-3 所示。

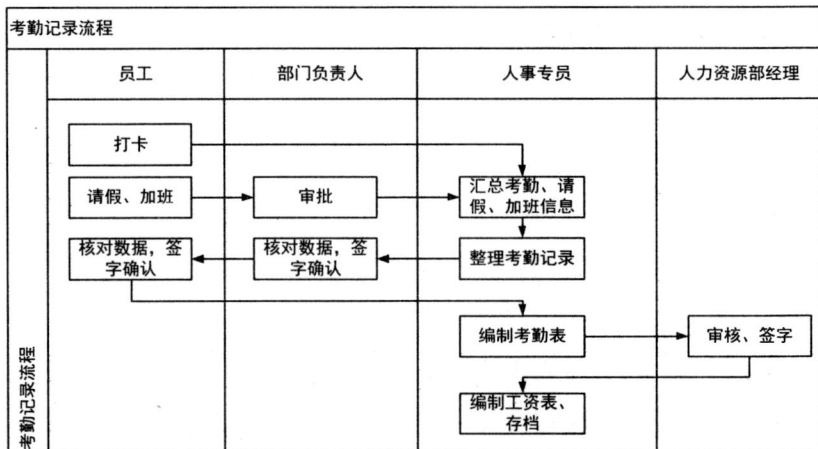

图 5-3　考勤记录流程

考勤过程中有几个环节需要注意：

1．签字确认的环节。不同地方对签字的要求是不一样的。有些可以以打卡记录作为考勤记录，经过部门负责人签字后就可以确认员工的实际出勤情况。有些地方却要求员工本人签字确认，以作为法律认可的记录。实际操作中，人事专员要根据本地方的规定掌握具体的工作尺度。

2．考勤表的确认。考勤工作只需要在部门内部认定就可以了。不必呈报给总经理或其他高管做进一步确认。

3．考勤表的使用。本例中的考勤表主要作为工资表的基础数据。实际工作中，还会有其他用途。比如企业有规定一个月迟到或早退 5 次记为一次旷工，而员工旷工达到一定数量，视为严重违反劳动纪律，企业可以解除与员工的劳动关系。这需要人事专员在统计时将此类信息同时转达给有关部门或同事。

4．考核确认的先后顺序。人事专员在核对考勤数据时，应该先与部门核对，再与员工本人核对。当与员工本人核对数据有分歧时，需要部门负责人的帮助。这有利于人事专员开展工作。

5.2.2　考勤表和考勤记录形式

考勤表的形式并没有统一的规定，各企业可以根据自己的要求单独制定。如表 5-1 所示是较为传统的考勤表及记录形式供参考。

表 5-1　考勤表

部门 _____　　　　　　　　　　　　　　　　　　　　　　　　　　年　月

序号	姓名	1	2	3	4	5	6	7	8	9	10	11	12	13	14	15	16	17	18	19	20	21	22	23	24	25	26	27	28	29	30	31	合计			余休
																																	出勤	加班	缺勤	

出勤：√　事假：○　病假：△　年休假：☆　旷工：×　迟到：◆　早退：⊕　出差：+　调休：#

制表人：_____

小 知 识

各类假期的薪酬计算

《劳动法》第五十一条劳动者在法定休假日和婚丧假期间以及依法参加社会活动期间，用人单位应当依法支付工资。具体包括以下：

法定休假日包括，新年 1 天（1 月 1 日）；春节 3 天（农历正月初一、初二、初三）；清明节 1 天（农历清明当日）；劳动节 1 天（5 月 1 日）；端午节 1 天（农历端午当日）；中秋节 1 天（农历中秋当日）；国庆节 3 天（10 月 1 日、2 日、3 日）。妇女节（3 月 8 日），妇女放假半天；青年节（5 月 4 日），14 周岁以上的青年放假半天；各少数民族聚居地区政府规定的放假日期。

带薪年休假，按规定享有的带薪年休假，最多 15 天。

婚丧假，三个工作日以内的。

产检假，怀孕女职工在劳动时间内进行产前检查的所需时间。

产假，产假期间，女职工可以自生育保险基金或用人单位处领取生育津贴。

哺乳假，针对哺乳未满一周岁婴儿的女职工，用人单位应在每天的劳动时间内为其安排 1 小时作为哺乳时间。

探亲假期（普通企业并非强制实行）。

路程假，职工休探亲假或婚丧假时，单位根据实际需要给予路程假。

依法参加社会活动假，例如选举、参加政府会议、出庭作证等。

病假，病假期间，用人单位应依法发放劳动者病假工资。

5.3 考勤管理的相关事项

5.3.1 请休假流程

1．员工请休假应该提前进行。提前多长时间要根据员工休假的时间和类型决定。一般来说，不足一天的假期提前一天通知就可以了；三天以内的假期，至少提前两天；三天以上的假期至少提前一周；长期假则需要提前至少两周的时间。提前请假是为了给管理者更加充裕的时间安排员工休假期间的正常工作，如图 5-4 所示。

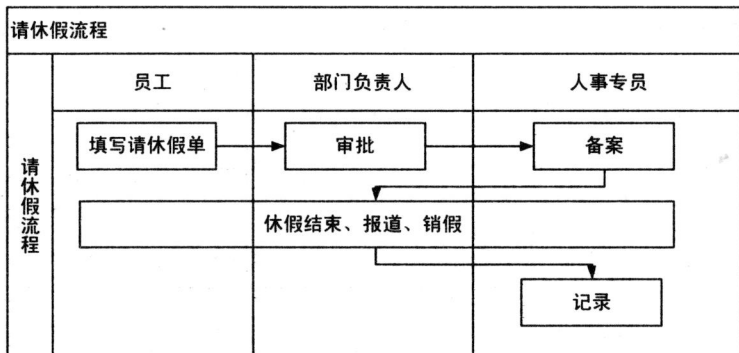

图 5-4　请休假流程

2．假期标准。人事专员在备案员工休假时，应该同时审核员工假期天数。例如年休假、病假天数，超出标准时，要立即通知相关部门及本人，调整休假类型或时间。

3．请假手续。员工临时请假时，一般可以通过短信、邮件、微信等形式。员工休假结束后，应当按以上程序补办请假手续。

4．销假。员工休假结束回到工作岗位后，应当到人力资源部销假。人力资源部记录员工实际休息时间。销假程序是为了避免人力资源部误记员工出勤情况。

5．补假。员工假期结束未归的，用人部门及人事专员应该及时联系员工，办理补假等手续。

该流程是以普通员工请假流程为样本。实际管理中，各级员工请假的审批人应该有所不同，一般来说，普通员工的休假由部门负责人审批；部门负责人的休假由总经理审批。另外，员工休假时间较长的，公司领导应当知晓或审批如表 5-2 所示。

表 5-2　请假单

姓名		部门		申请日期	
请假类型					
请假时间	自　年　月　日至　年　月　日			请假天数	天
请假事由	□事假 □病假 □婚假 □丧假 □产假 □年休假 □其他：				
有关资料（医院病假条、结婚证等）：					
部门负责人意见： 　　　　　　　　　　　　　　　　　　　　　　　年　月　日					
公司领导意见： 　　　　　　　　　　　　　　　　　　　　　　　年　月　日					

5.3.2　加班流程

加班流程与请休假流程是一致的，都需要员工事先申请，人事专员备案，并在月度考勤时根据加班申请审核员工实际加班的时间，结果在考勤表和工资表中体现。加班流程有一些值得关注的地方如图 5-5 所示：

1．加班人员要符合制度规定。不同企业计算加班工资人员的范围是不同的，有些企业只有生产操作类人员才有加班工资。而销售人员、管理人员、技术人员则不计算加班。

2．分辨加班类型。很多企业规定，不同的加班需要不同领导审批。

比如本例中的延时加班和双休日加班由部门负责人审批就可以了，而法定假日的加班则必须由总经理审批。

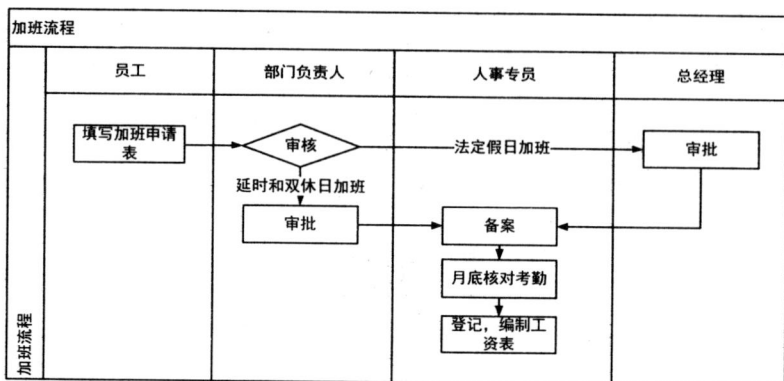

图 5-5　加班流程

3. 月底核对加班情况。加班申请表中的加班时间只是一个预计的加班时间，人事专员要根据考勤记录核对员工的实际加班时间，并根据实际加班时间核对工资。在核对实际加班时会出现两种情况。加班时长不足申请加班时长的，按照实际加班时长处理就可以了；加班时长超过申请加班时长的，人事专员要单独就此事与用人部门负责人及人力资源部门负责人沟通，补办手续或按申请加班时长计算如表 5-3 所示。

表 5-3　加班申请表

姓名		部门		加班地点	
加班事由、工作内容：					
加班时间	自　年　月　日　时　分至　年　月　日　时　分，合计：　　小时				
部门负责人意见：					
				年　月　日	
公司领导意见：					
				年　月　日	

第6章 员工考核结果分类和管理

6.1 员工考核结果的类型

6.1.1 得分式的考核结果

得分式的考核结果较为常见。顾名思义，得分式的考核结果就是一个综合得分，例如某企业员工考核采用满分为百分制的考核，A、B、C三位员工考核得分分别为92分、90分、88分。这就是一种考核记录形式。

还有企业采用基准分为百分制的考核，即完成任务为100分，超额完成得分即超过100分，未完成考核得分不足100分。

高考就是一种得分式的考核形式，每年根据考核结果，采取某一分数作为入学分数线，线上的代表着考核合格，线下的则代表着考核失败。

6.1.2 等级化的考核结果

等级化的考核结果也很常见。等级化的考核结果就是一连串的等级序列，"优、良、中、可、差"五等分级的情况最为常见。也有用"A、B、C、D、E"或"一、二、三、四、五"这样较为中性的字母或数字代替"优、良、中、可、差"的，其实质是一致的。

考核等级可以直接评定，也可以根据考核得分计算而来。采用强制排列正态分布的形式较为常见。一位员工，根据各自的考核得分按照一定的顺序排列，按照正态分布，最得分最高的极少数为"优"，得分最差的极少数为"差"得分居中的大多数是"中","良"介于"优"和"可"之间；"可"介于"中"和"差"之间。

如图 6-1 所示也有采用分数直接套用级别的形式，例如：85 分以上为优秀；70 ～ 85 分为良好；60 ～ 70 分为尚可；60 分以下为较差。

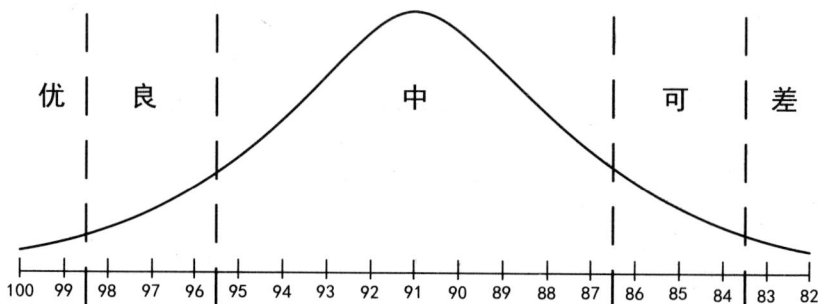

图 6-1　正态分布与强制排名

6.1.3　业绩式的考核结果

有些员工是根据业绩直接核算工资的，例如采用提成制的销售人员，薪酬直接与销售收入挂钩。很多企业对此类员工就是直接将其业绩作为考核结果，而不再评分或区分等级。

6.1.4　通过式的考核结果

有些员工需要采用通过式的考核。例如试用期转正员工，考核结果是通过与未通过两种情况。

6.2　考核结果的统计过程

6.2.1　员工绩效考核程序

员工绩效考核一般分为两个过程：绩效考核目标制定程序和绩效考核

程序。

　　绩效考核目标制定程序指由管理者与员工共同确定个人考核目标，拟定考核表；绩效考核程序指由管理者根据员工表现，结合员工对工作的自评情况，对员工考核表中的指标进行评分，并得出考核结果的过程。在绩效考核程序中与薪酬核算直接相关的是考核结果评定这一过程如图 6-2 所示。

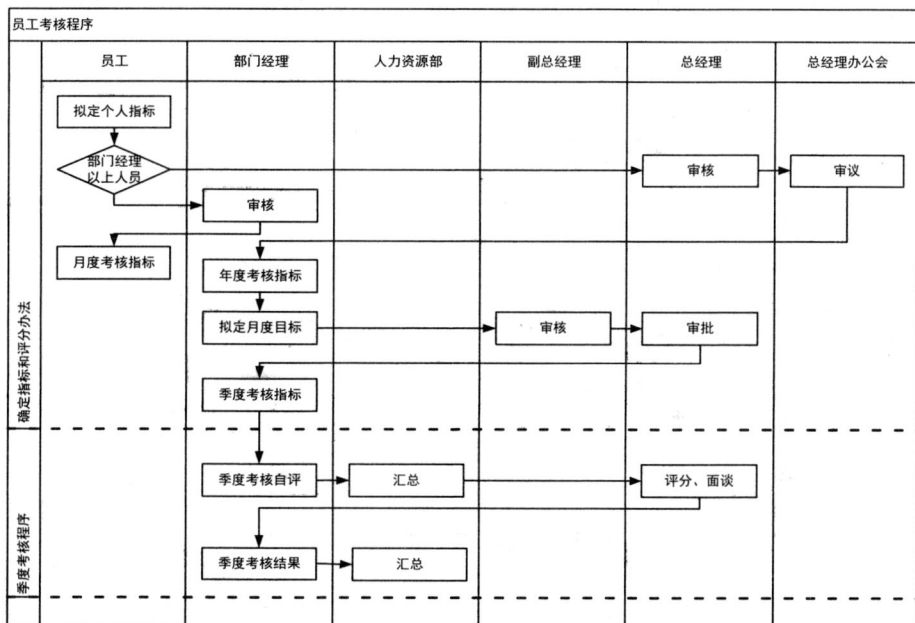

员工考核程序					
员工	部门经理	人力资源部	副总经理	总经理	总经理办公会

图 6-2　员工考核程序

6.2.2　员工绩效考核结果收集

　　人力资源部有责任收集各部门管理者对员工的考核结果，并留存在人力资源部。公司对考核结果汇总收集有详细的规定，人力资源部在收集考核结果时应注重以下几个问题：

　　1. 考核结果应由考核人的签字。考核结果只有在考核人签字后才具有效力。

2．考核结果应该是清晰的。不论是采用得分式、等级式还是业绩式考核结果，考核人都应该有一个明确的意见。例如，有的管理者在提交到人力资源部的员工考核结果是代有附加条件的结果，"根据考核表评分，员工得分为 60 分，如果考虑经济危机影响，员工考核得分应为 85 分。"这样的表述是含糊的，不能做为员工真实考核结果。

3．员工对考核结果有意见，可以按照申诉程序进行申诉，在申诉处理意见未下达前，人力资源部应该按照即有的考核结果核算员工工资。

4．对在工资核算周期内不能提交考核结果的，可采取两种处理方式：

（1）暂不发放员工绩效部分工资，待考核结果产生后，于下一月份补发。

（2）暂按员工绩效工资的一定比例（如 60%）发放，待考核结果产生后，于下一月份多退少补。

-------------------- 小 知 识 --------------------

员工考核结果的激励作用

根据考核结果核定薪酬标准，是现在较为流行的薪酬分配激励方法。在这个过程中，考核的作用在于客观公正在评价员工的工作。

横向来看，相似岗位的员工，考核结果越高，薪酬水平越高，其他员工也就知道了工作努力的方向。

纵向来看，一个员工考核结果较以往提高了，就应该受到奖励；较以往下降了，就应该受到处罚。员工根据激励和考核知道自己的工作应该完成到什么程度。

6.3　考核结果的工资应用

6.3.1　考核得分与工资挂钩形式

1．考核得分以满分为基数与工资直接挂钩。

绩效工资＝绩效工资基数 × 考核得分 ÷ 满分。

例如：考核成绩满分是 100 分，绩效工资基数是 12 000 元。

得满分 100 分时，绩效工资 =12 000 元 ×100 分 ÷100 分 =12 000 元；

得 80 分时，绩效工资 =12 000 元 ×80 分 ÷100 分 =9 600 元。

2．考核得分以基准分为基数与工资直接挂钩。

绩效工资＝绩效工资基数 ×（考核得分 ÷ 基准分）

例如：考核成绩基准分是 100 分，满分是 120 分，绩效工资基数是 10 000 元。

得满分 120 分时，绩效工资 =10 000 元 ×（120 分 ÷100 分）=12 000 元；

得 100 分时，绩效工资 =10 000 元 ×（100 分 ÷100 分）=10 000 元。

通过案例可以看出，采用不同的绩效工资基数，两种方法可以取得相似的结果。

6.3.2　考核等级与工资的挂钩形式

将考核得分转化为考核等级，与工资挂钩的形式最为常见。

1．把薪酬划分为几个等级，员工绩效达到某一个级别了，就拿这个级别可以享受的等级的薪酬，如表 6-1 所示。

表 6-1　考核等级与员工薪酬对照表

序号	考核等级	员工绩效工资标准
1	A	10 000 元
2	B	8 000 元
3	C	6 000 元
4	D	4 000 元
5	E	0 元

2. 设计一个绩效系数与绩效工资挂钩。

绩效工资 = 绩效工资基数 × 绩效系数

其中：当考核为 A 级时，绩效系数为 1.2；当考核为 B 级时，绩效系数为 1.1；当考核为 C 级时，绩效系数为 1.0；当考核为 D 级时，绩效系数为 0.9；当考核为 E 级时，绩效系数为 0.8。

本方案与上面提到的考核得分与工资挂钩的形式本质上是一致的。

6.3.3　业绩结果与工资的挂钩形式

1. 业绩结果与工资呈等比例挂钩。

业绩工资 = 绩效水平 × 提成比例

例如，员工提成比例是销售收入的 1%，员工销售 1 万元产品，就可以提 100 元；卖了 100 万元的产品，就可以提成 1 万元。

2. 业绩结果与工资呈递增式挂钩。

业绩工资 = 绩效水平 × 提成比例

其中：员工提成比例随绩效水平递增。当员工销售 10 万元以内时，按照 1% 提成；销售 10 ～ 50 万元的部分，按照 1.1% 提成；超过 50 万元的部分，按照 1.2% 计得。

3．业绩结果与工资呈递减式挂钩。

业绩工资＝绩效水平 × 提成比例

其中：员工提成比例随绩效水平递减。当员工销售 10 万元以内时，按照 1% 提成；销售 10 ～ 50 万元的部分，按照 0.9% 提成；超过 50 万元的部分，按照 0.8% 计算。

不同的提成方式反映了不同的工作性质和管理者对激励作用的不同理解。

6.3.4　通过式结果与工资的挂钩形式

员工通过式考核的结果与工资的挂钩一般不存在数学关系。例如，试用期员工转正，其工资即按照普通员工标准领取。而试用期工资与普通员工工资标准间未必存在一个数学关系。

第 7 章　员工社保和公积金的管理

7.1　五险一金的有关规定

7.1.1　国家社会保险制度

《中华人民共和国社会保险法》以法律的形式规定了国家建立基本养老保险、基本医疗保险、工伤保险、失业保险、生育保险等社会保险制度。将中国境内所有用人单位和个人都纳入了社会保险制度的覆盖范围如图 7-1 所示。

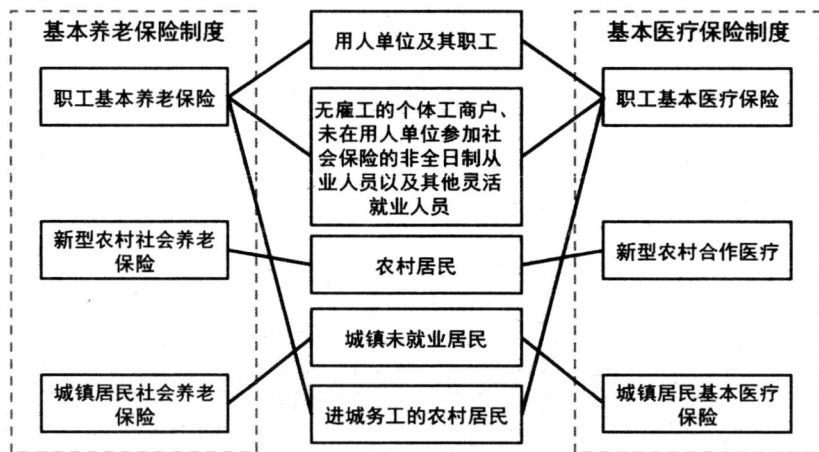

图 7-1　基本养老保险和基本医疗保险

7.1.2　地方社会保险制度

《中华人民共和国社会保险法》是对建立各项社会保险的统一规定和

指引性文件。用人单位在真正落实各项政策时，总是会或多或少遇到一些实际的问题。为解决社会保险实施中的问题，确保法规落地，各省市会颁布若干关于社会保险有关内容的规定、条例或通知。这些地方规定对于社会保险制度的落地至关重要，也是薪酬专员应该重点关注的内容，如表 7-1 所示。

表 7-1　北京市部分社会保险规定

分类	地方规定	发文字号	执行日期
基本养老	《北京市基本养老保险规定》	北京市人民政府令第 183 号	2007 年 1 月 1 日
	《城镇职工基本养老保险费补缴实施细则》		2010 年 10 月 13 日
	《北京市城乡居民养老保险办法实施细则》		2009 年 9 月 1 日
基本医疗	《北京市城镇居民基本医疗保险办法实施细则》	京人社医发〔2010〕287 号	2011 年 1 月 1 日
	《关于实施本市城镇劳动年龄内无业居民大病医疗保险制度的具体办法》	京劳社医发〔2008〕117 号	2008 年 7 月 1 日
	《北京市基本医疗保险规定》	北京市人民政府令第 158 号	2005 年 6 月 6 日
工伤	《北京市工伤认定办法》		2011 年 12 月 29 日
	《北京市实施＜工伤保险条例＞若干规定》		2011 年 11 月 28 日
	《北京市工伤职工就医和医疗费用结算管理暂行办法》		2004 年 1 月 1 日
	《工伤保险康复办法（试行）》		2011 年 12 月 5 日
失业	《北京市失业保险规定》		1999 年 11 月 1 日
	《北京市城镇登记失业人员灵活就业社会保险补贴办法》		2007 年 1 月 1 日
生育	《北京市企业职工生育保险规定》	北京市人民政府第 154 号令	2005 年 7 月 1 日
	《关于贯彻实施《北京市企业职工生育保险规定＞有关问题的通知》	京劳社医发 [2005]62 号	2005 年 7 月 1 日
	《北京市生育保险待遇支付管理办法（试行）》		2005 年 7 月 1 日

除了以上的规定，北京市政府还会定期公布各项保险缴纳比例要求，以及为完善社会保险制度临时颁布的各项规定。

7.1.3　国家住房公积金制度

《住房公积金管理条例》提出了单位应当到住房公积金管理中心办理住房公积金缴存登记，经住房公积金管理中心审核后，到受委托银行为本单位职工办理住房公积金账户设立手续。新设立的单位应当自设立之日起30日内到住房公积金管理中心办理住房公积金缴存登记，并自登记之日起20日内持住房公积金管理中心的审核文件，到受委托银行为本单位职工办理住房公积金账户设立手续。

单位录用职工的，应当自录用之日起30日内到住房公积金管理中心办理缴存登记，并持住房公积金管理中心的审核文件，到受委托银行办理职工住房公积金账户的设立或者转移手续。

各类用人单位及其建立劳动关系的劳动者（包含了农民工）都应缴存住房公积金。住房公积金实行限高保底。具体规定为，住房公积金的缴存基数，按照职工本人上一年度月平均工资确定，且不得低于职工工作地设区城市上一年度单位就业人员平均工资的60%，不得高于职工工作地设区城市上一年度单位就业人员平均工资的3倍。缴存比例方面，职工和单位住房公积金的缴存比例均不得低于5%，不得高于12%。

7.1.4　地方住房公积金制度

与社会保险的地方规定、条例、意见、通知等类似，各地方政府也根据本地区实际情况，提出了若干与住房公积金缴存及使用的有关规定。

以北京市为例，相关规定包括：

- 《北京市住房基金管理办法》（京政发〔1992〕35号）。
- 《北京市实施〈住房公积金管理条例〉若干规定》（北京市人民政府令第164号）。
- 《北京住房公积金贷款办法》（京房公积金管委会〔2006〕2号）。

- 《北京住房公积金提取管理办法》（京房公积金管委会〔2006〕2 号）。
- 《北京住房公积金缴存管理办法》（京房公积金管委会〔2006〕2 号）。
- 《关于实施〈北京住房公积金贷款办法〉有关问题的通知》（京房公积金管委会〔2006〕2 号）。
- 《关于规范北京住房公积金个人住房贷款政策有关问题的通知》（京房公积金管委会〔2010〕3 号）等。

小 知 识

五险一金

从最早的三险一金到现在很多地区流行的七险二金，不同地区的称呼是不同的。所谓五险一金，指得是法律规定，员工应该享有的基本养老保险、基本医疗保险、工伤保险、失业保险和生育保险，以及住房公积金。

有些地区规定了企业要为员工缴纳补充医疗保险和重大疾病保险，以及具备条件的企业应为员工办理企业年金。这样就购成了"七险二金。"

到目前为止。国家性的法律规定了五项商业保险为强制性缴纳；住房公积金是企业应该缴纳项目。

7.2　社会保险一般性工作

单位社会保险工作包括开立账户、增加 / 减少人员、按核定的缴费基数和缴费额缴费等。

7.2.1　开立社会保险账户

社会保险登记的程序包括六个步骤：新参保单位网上预登记、单位与开户银行签订社会保险费缴费协议、带所需材料到社保中心登记科进行登记审核、领取社保登记证、预约密码、办理数字证书、确认社会保险费缴纳方式及相关手续办理方法、登记证办理完毕，单位为职工办理参保手续如图 7-2 所示。

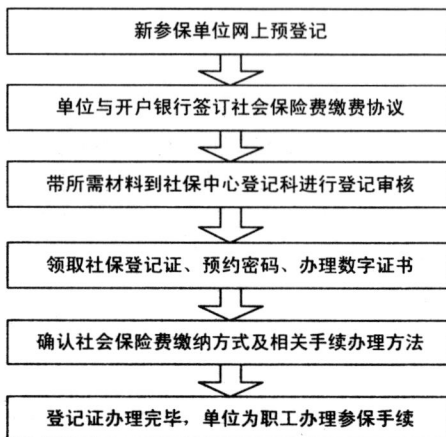

新参保单位网上预登记
↓
单位与开户银行签订社会保险费缴费协议
↓
带所需材料到社保中心登记科进行登记审核
↓
领取社保登记证、预约密码、办理数字证书
↓
确认社会保险费缴纳方式及相关手续办理方法
↓
登记证办理完毕，单位为职工办理参保手续

图 7-2　开立社会保险账户程序

1．新参保单位网上预登记。所在企业在工商注册后，即可办理社保保险登记证，在社会保险管理中心开立账户，开始按规定缴纳社会保险。新参保单位需提前在社会保险网站（http://www.bjrbj.gov.cn/csibiz/home/）上进行预约如图 7-3 所示。

图 7-3　北京市社会保险网上服务平台首页

点击"新参保单位网上登记"进入"申报查询系统"主页，如图 7-4 所示。

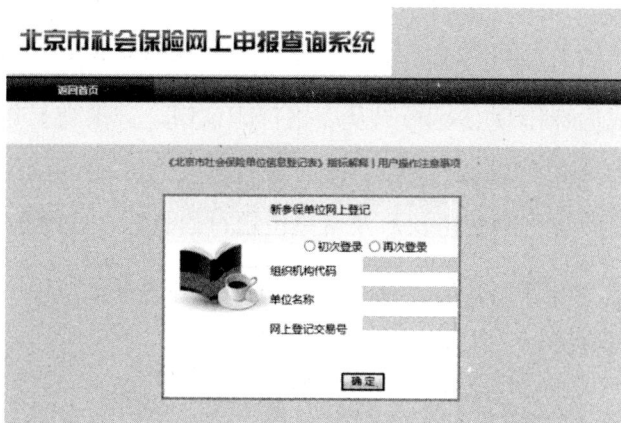

图 7-4　北京市社会保险网上申报查询系统登录页

点击初次登录，并按规定输入组织机构代码和单位名称后即可登录，如图 7-5 所示。

图 7-5　北京市社会保险网上申报查询系统 - 录入信息页

在"单位网上登记—录入信息"页面中包含两个表格，北京市社会保险单位登记表信息和单位银行缴费协议及信息采集，其中带"×"为必填项目。在两个表格的上方，有"《北京市社会保险单位信息登记表》指标解释"和"用户操作注意事项"，按指标解释及注意事项要求填写相关表格后，点击页面下方的"保存"和"提交"即可完成提交。

提交完成后会出现交易号码及表格打印窗口，记录交易号并打印《北京市社保保险单位信息登记表》，选择银行缴费方式的单位还需打印《北京市社保保险费银行缴费协议》及《单位银行信息》一式两份。

如保存提交完毕后，发现信息填写有误，可通过重复以上步骤，在再次登录中进行修改。

2．单位与银行签订社会保险费缴费协议。单位缴费的方式包括银行缴费和社保缴费两种方式。绝大部分企业采用银行缴费方式，一般银行都可以办理此项业务。即由用人单位与银行签订《银行缴费合作意向书》或《银行代扣协议》，在开始缴纳社会保险费用后，用人单位可以通过银行批量代扣、银行柜面缴费及网银缴费等方式于每月 5 ～ 20 日缴纳。

3．带所需材料到社保中心登记科进行登记审核。网上预约成功后的三十日内，需携带相关材料到社保中心进行审核登记，否则需重新网上预约登记。

北京市各社会保险管理中心办理时间为每月 5 日至 25 日（法定节假日除外），具体时间可以在社保中心网站上进行查询。

进行登记审核，应携带以下材料：

● 下载打印《北京市社会保险单位信息登记表》一式两份；

● 《营业执照》副本或其他执业证书副本原件及复印件；

● 《组织机构代码证书》副本原件及复印件；

● 证明中法人或负责人为中国国籍的，提供身份证复印件（必须为二代身份证或新版身份证，正反面复印在同一而纸上）；法人或负责人为外籍的提供护照复印件及机打翻译件；法人或负责人为港澳台人员的可使用《港澳台居民往来内地通行证》；

- 使用基本账户的单位提供银行《开户许可证》原件及复印件；使用一般账户的单位除提供《开户许可证》外，还应提供一般账户的《开立单位银行结算账户申请书》原件及复印件；

- 提供与开户银行签订的银行缴费协议或《银行缴费合作意向书》原件及复印件；

- 总部机构或总公司在国内注册的各类分支机构、分公司或办事处，办理登机业务时，必须提供由具有法人资格的总部机构或总公司出具的授权办理社会保险事宜《全权委托授权书》，此件必须是原件如表 7-2 所示。

表 7-2 全权委托授权书

全权委托授权书
×× 公司北京分公司是 ××× 公司在京设立的分支机构，我公司全权委托 ××× 公司北京分公司为其在京工作的员工办理社会保险相关事宜。 　　　　　　　　　　　　　　　　　　　　　　　　　　　　×××　总公司 　　　　　　　　　　　　　　　　　　　　　　　　××××年×月×日

在进行登记审核时，需要单位在复印件上加盖公章。由于所提供材料较多，难免出现纰漏需要修改或重新复印的。为提高效率，办理人员常常是携带公章办理。

4．领取社会保险登记证、预约密码、办理数字证书。单位社保账户审核通过即开立成功，同时发放社保登记证，单位持社保登记证领取经办预约取号密码并办理数字证书后即可为员工开始缴纳社会保险。

网上预约取号密码是用于日后参保单位办理收缴、支付、保险科补缴审核等业务时预约取号使用，是参保单位取号的唯一凭证，应妥善保管。应携带社保登记证到登记科密码查询窗口领取。参保单位在社保中心网站首页“在线办事”-“登记证号及取号密码查询”模块进行查询如图 7-6 所示。

图 7-6　北京市朝阳区社会保险基金管理中心首页

数字证书是指在网上申报业务时所使用的 U-key，可携带社保登记证到社保中心数字证书服务网点办理数字证书。

新办数字证书所需材料包括：

- 《北京市单位数字证书申请表》申请表一式两份；
- 《组织机构代码证》原件及复印件；
- 《营业执行（副本）》或其他批准成立证照原件及复印件；
- 经办人有效身份证原件及复印件（正反面复印）；
- 《北京市社会保险网上申报业务申请表》一式两份；
- 《北京市社保保险网上申报系统用户承诺书》一式两份。

5. 确认社会保险费缴纳方式及相关手续办理方法。选择银行缴费与银行签订了《银行缴费合作意向书》的单位，需在 25 日前前往银行签订正式的《社会保险费银行缴费协议》。

选择社保缴费已签订《同需特约委托收款付款授权书》的无需办理其他手续，未签订的需在当月 25 日前前往银行签订。

6. 登记证办理完毕，单位为职工办理参保手续。

7.2.2　单位信息变更

当单位办公地址、电话号码、经办人发生变化，需要及时在社会保险管理中心变更有关的信息。各项变更的程序也是先从网上申报，部分项目需要到现场审核。一般来说，单位信息的变更包括两种类型：无需审核和需要审核，如图 7-7 所示。

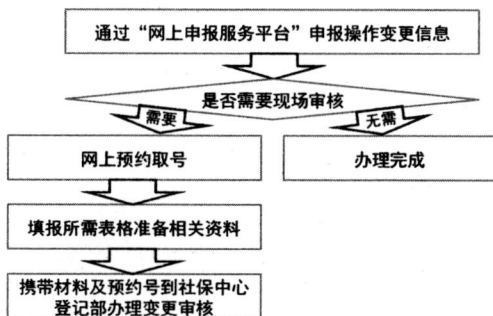

图 7-7　单位信息变更分类和办理程序

无需审核的项目包括办公地址、单位简称、邮政编码、单位经办人姓名电话所在部门、单位法人联系电话、单位电子邮件地址、单位网址、单位传真号码、单位类别等。薪酬专员在社会保险管理中心网站上进行申报，业务提交成功后，系统显示"变更成功"则表示完成。单位可在一个小时后，在网上申报系统的"查询管理 / 申报信息状态查询"模块查到处理结果，而无需前往社保中心办理，如图 7-8 所示。

需要审核的单位信息变更项目，即在网上申报时项目前有"×"标注的项目，此类业务自提交成功后，还需要持相关材料到社保经办机构办理审核手续，审核成功后，可于 24 小时后在网上申报查询到结果。

需要携带的材料依变更项目不同略有区别，这一点需要根据信息系统提示进行准备。

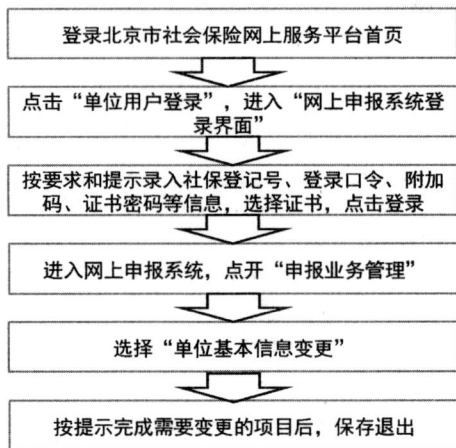

图 7-8　通过网上申报系统变更程序

7.2.3　社保账户增员

为单位职工办理增员，主要存在两种情况：初次参保人员增加（新参保）、转入人员增加。

1. 初次参保人员增加（新参保）。初次参保人员（新参保）指在本市从未缴纳过社会保险（四险、医疗）的符合法定工作年龄（满 16 周岁至法定退休年龄）的人员。一般包括普通人员增加、外籍人员增加和兼职人员增加三种情况。以下说明普通人员增加的情况。

初次参保人员增加需首先用数字证书在网上办理新参保人员增加申报，提示处理成功后，预约取号，并携带相关报表与材料到社保中心经办大厅办理增员审批如图 7-9 所示。

用数字证书在"网上申报服务平台"申报。进入社会保险网上服务平台，点击"单位用户登录"，在"证书用户登陆"栏中输入社保登记证号、登录口令、附加码，选择数字证书并输入证书密码后登录如图 7-10 所示。

图 7-9　增员办理程序

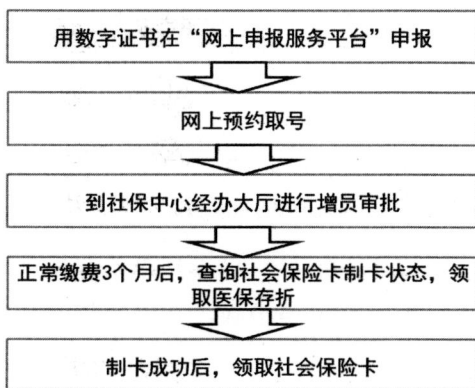

图 7-10　北京市社会保险网上服务平台单位用户登录页

在"申报业务管理"项下，点击"新参保人员登记申报"，出现"北京市社会保险个人信息登记表"，在其中填写相关信息后保存并提交即完成新参保人员的录入工作。

返回上级目录，在"业务报表查询"栏下，点击个人信息登记表，输入当前日期，占击查询，下载北京市社会保险个人信息登记表，打印一式两份，加盖公章，参保人、单位负责人、经办人分别签字。

完成以上程序，薪酬专员需在网上预约取号，并携带相关资料在社保主心办理增人手续。

相关资料包括：

- 《北京市社会保险参保人员增加表》（网上申报版）一式两份；
- 《北京市社会保险个人信息登记表》及《北京市社会保险个人信息登记表（副表）》（网上申报版，有网申流水号，不得更改）一式两份；
- 有效期内的本人二代身份证正反面复印件一份或临时身份证复印件一份。

参加基本医疗保险的参保人员，在新参加三个月后，由单位为参保人员领取医保存折，具体要求一般以发放银行要求为准。在领取存折时，需带单位《社会保险登记证》原件、单位介绍信和经办人身份证原件等材料如表7-3所示。

2．转入人员增加。转入人员增加相对新参保人员增加要简单一些。薪酬专员直接用数字证书在"北京市网上申报服务平台"直接办理即可，网上申报后，1小时后查询处理意见，回复业务处理成功后即完成此项业务，而无需前往社保中心办理。

但需要注意的是，如参保人之前办理的是清算或转外省等相关业务，则此人缴费状态为"终止"，需先做"四险"数据清理（必须原单位操作），然后"四险"需要按初次参保手续办理；如参保人实际人员信息与社保中心系统中原参保信息不符，需按原参保人员信息增加，增员成功后再做人员信息变更。

表 7-3　北京市社会保险个人信息登记表

批准机关：北京市统计局
批准文号：京统函 [2009]40 号
有效期至：　年　月　日止

填报单位（公章）：
组织机构代码：□□□□□□□□□□
社会保险登记证编码：□□□□□□□□□□□□

参加险种：养老（　）失业（　）工伤（　）生育（　）医疗（　）

项目	内容	项目	内容
* 姓　名		* 公民身份号码	
* 性　别		* 出生日期	
* 民　族		婚姻状况	
* 文化程度		* 户口性质	□本市城镇　□本市农户　□外埠城镇　□外埠农户
户口所在地县街乡			
* 户口所在地地址		* 户口所在地邮政编码	
* 居住地（联系）地址		* 居住地（联系）邮政编码	
* 选择邮寄社会保险对账单邮寄地址			
联系人电话		联系人姓名		联系人电话	
* 参加工作日期		* 个人身份		申报月均工资收入（元）	
* 缴费人员类别		* 医疗参保人员类别	
离退休类别		离退休日期	
农转非类别		批准征地日期	
残疾工补缴单位名称		* 是否患有特殊病	
特殊标识		残疾证编号		兼职	
《北京市工作居住证》编码		有效截止日期	
委托代发基金银行名称			
委托代发基金银行行号		委托代发基金银行帐号	
养老保险视同缴费年限		定点医疗机构 1	
定点医疗机构 2		定点医疗机构 3	
定点医疗机构 4		定点医疗机构 5	

本人目前确属社会保险参保对象，现申请参加社会保险，按照社会保险登记的要求本人已如实填写了上述相关信息，并对所填写内容的真实有效性负责。

* 参保人签字：　　　　签字日期：　年　月　日

7.2.4　员工信息变更

员工信息变更是经常发生的业务，职工个人信息变更业务大部分可以通过数字证书直接在"网上申报服务平台"上申报操作，其中包括无需审核和需要审核两部分。

无需审核的个人信息变更项目，自提交成功后，可在一个小时后查到处理结果，无需前往社保中心办理。

需要审核的个人信息变更项目，在服务平台项目前有"*"标注，如姓名、身份证号码、民族、出生日期等，业务自提交成功后，还需持相关资料到社保中心办理审核手续，审核成功后，可于 24 小时后在网上申报查询到结果。

无法通过数字证书在"网上申报服务平台"变更的，要网上预约号码并携带相关材料至社保中心大厅进行变更。

对单位职工个人信息做变更的，要求参保人必须在该单位为"正常"缴费状态，如缴费为"中断"状态的，需先做增员操作，才能进行相应信息的变更。

7.2.5　缴费及补缴

单位为员工建立社保保险账户后，根据单位与银行签订的社保缴费协议，每月由社保中心由单位账户划转相应费用。采用社保缴费方式的，单位需按时提交当月缴费情况清单，社保中心按缴费清单从单位账户中按期划转相关费用。

单位没有及时为员工个人缴纳社会保险费或没有正常缴纳社会保险费的，需要进行补缴。

1. 单位社保托收不成功，即欠缴的。如因账户余额不足等原因，造成当月欠费的，一般于每月 13 日持《社保登记证原件》至社保中心大厅直接缴费即可。采用"银行缴费"方式的通过银行批量代扣代缴、网银转账或者银行柜台佃理的方式缴费。

2．单位在职职工个人需要补缴的。在职普通员工补缴是指因参保单位原因造成参保人员遗漏几个月未缴纳社会保险的情况，单位持相关资料至社保中心直接办理，社保中心会按照每日万分之五收取滞纳金。

7.2.6　社保账户减员

正常的社保减员一般为员工离职转出，即单位需要在本单位停止为该员工缴纳社保，以及将保险关系转往本市其他单位。用人单位仅需要在社保网上平台办理减员即可。

需要注意的是，除了正常离职员工转出手续外。存在着多种员工停缴或转出的形式，如离职员工失业转街道、职工转外国籍、外籍职工出国离境、单位最后一人减员、离职人员转外省、兼职人员转外省、兼职工伤人员转出、已工伤登记人员离职转出、退休人员养老关系转出等，都需要携带相关资料，在社保中心办理，具体手续应以社保中心的规定为准。

7.2.7　单位注销登记

企业破产、清算、关闭等情况需要注销社保账户。单位社会保险账户注销，需先在工商局或其他批准其成立机构办理完成注销并拿到相关注销证明，再进行社会保险账户注销。单位注销后将无法恢复为正常缴费状态，并无法重新办理社会保险登记，因此在办理注销前应确保以下几点：

- 所有在职参保人员已经办理完减员；
- 如果单位有离退、休人员，需先确保离、退休人员已转入其他单位或已实行社会化管理；
- 在社保中心没有欠费记录；

- 所有需要申请的待遇支出业务已经完成，并且确保支付金额全部到账；
- 无退费、医疗费用报销等未处理完的业务。
- 无应补缴未补缴的业务。

办理注销工作流程，如图 7-11 所示。

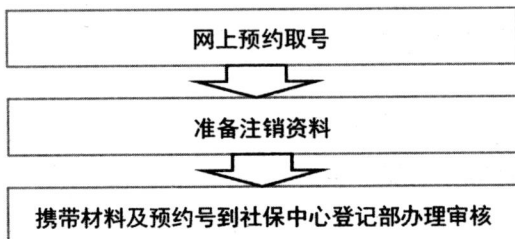

图 7-11　单位注销登记程序

办理注销时所应携带的资料包括：

- 《社会保险登记证》原件（如果社保登记证已经遗失，需写情况说明）；
- 工商局出具的《注销通知书》或其他行政部门出具的注销证明；
- 如公章被收回，应提供相关机构出具的《收缴公章证明》；
- 《北京市社会保险单位信息变更登记表》三份；
- 《社会保险注销（转出）业务承办单》一份；
- 《单位办理社会保险注销业务申请表》一份；
- 最末月银行托收单或收款发票复印件；
- 《待遇支付款项到账确认表》一份。

7.3　公积金账户开立和缴费

7.3.1　开立住房公积金账户

单位指定专人办理住房公积业务。单位经办人注册登录"北京住房公积金网上业务系统"，按网页提示指引进行网上单位登记开户，注册成功后，打印《住房公积金网上业务系统用户协议》、《网上申请确认单》、《住房公积金网上业务法人代表授权书》、《住房公积金网上业务办理申请表》、《单位登记表》、《开户申请表》和《单位经办人授权委托书》加盖单位公章，并持相关证明材料的原件及复印件到所属管理部门办理登记开户手续，办理时在《北京住房公积金管理中心预留印鉴卡》上加盖单位预留印鉴章。

办理材料：

1．网上注册单位登记开户

- 《住房公积金网上业务系统用户协议》两份
- 《网上申请确认单》
- 《住房公积金网上业务法人代表授权书》
- 《住房公积金网上业务办理申请表》两份

2．单位登记开户

- 《营业执照》、《事业单位法人证书》（副本）（三证合一后，统一社会信用代码 18 位）或其他设立批准文件原件及复印件、《单位登记表》
- 法定代表人或负责人身份证（护照或港澳台通行证）复印件、《开户申请表》
- 单位经办人身份证 原件及复印件、《单位经办人授权委托书》
- 在企业办公地登记开户的，提交企业办公地的《房屋租赁合同》原件及复印件、《北京住房公积金管理中心预留印鉴卡》

7.3.2　住房公积金信息变更

单位名称、地址等登记开户信息发生变更的，应自发生变更之日起 30 日内持相关证明材料到管理部办理变更手续。单位经办人预先填制公积金中心统一印制的《单位信息变更登记表》（如表 7-4 所示），加盖单位公章；持相关资料原件及复印件到开户管理部办理变更登记手续。

相关材料依变更事项有所不同：

● 办理单位名称、单位性质、营业执照、组织机构代码变更的，需提交《营业执照》、《事业单位法人证书》（副本）（三证合一后，统一社会信用代码18位）或其他设立批准文件、工商变更名称证明（如有请提供）；

● 办理法定代表人或负责人变更的，需提供《营业执照》、《事业单位法人证书》（副本）（三证合一后，统一社会信用代码18位）或其他设立批准文件、变更后法定代表人或负责人身份证（护照或港澳台通行证）和单位经办人身份证；

● 办理单位经办人变更的，需提供变更后单位经办人身份证；

● 办理单位地址变更的，需提供企业新的办公地址《房屋租赁合同》和单位经办人身份证；

● 办理单位开户银行及账户变更的，需提供变更后银行《开户许可证》和单位经办人身份证；

● 办理邮政编码、经办部门、电子信箱等变更的，需提供单位经办人身份证。在办理以上程序时，都需要单位提前填写《单位信息变更登记表》，并携带《单位经办人授权委托书》。

表 7-4　单位信息变更表

单位登记号：
单位名称（公章）：

变更信息	变更前	变更后
单位名称		
单位性质		
组织机构代码		
法定代表人或负责人		
证件号码		

续上表

变更信息	变更前	变更后
单位地址		
邮政编码		
主管部门		
单位性质代码		
法人资格		
电子信箱		
资金信息变更（按资金性质打勾可选） 　　○住房公积金　　○住房基金　　○维修基金　　○住房补贴		
经办部门		
经办人		
联系电话		
开户银行		
账号		
申请资料信息	可选 □单位设立批准文件 □法人证书副本 □营业执照副本 □组织机构代码证副本 □法定代表人或负责人身份证复印件 □经办人身份证复印件 □开户行的有关信息 □其他（请注明）	

单位主管：　　　　　制表：　　　　　　　制表日期：　　　年　月　日

7.3.3　个人账户转移

1．办理条件

有下列情形之一的，单位或职工应办理个人住房公积金转移手续。

● 职工在本市范围内调动工作的；

● 集中封存户职工与新单位建立劳动关系的；

● 职工调离本市，或是调入中直、国管、铁路分中心的；

● 职工调入本市的；

● 其他需要办理转移手续的。

2. 办理程序

单位指定专人办理住房公积金转移业务，转出单位经办人需开通住房公积金网上申报系统，并及时在网上申报系统中为职工办理单位内部封存，然后持相关材料到所属管理部或管理部指定的受托银行办理转移手续。集中封存户人员，可由职工本人或委托他人持上述材料办理相关业务，需提供委托人及受托人双方身份证原件和经公证的委托人授权委托书。

3. 办理材料

（1）内部转移（自动内部转移的无需单位办理）：《住房公积金转移申请书》和《住房公积金转移清册》。

（2）外部转出：中直分中心、铁路分中心、外省市的管理中心开具的《转移开户证明》（国管分中心委托银行开具的《银行查询单》）和转出职工身份证。单位提供《住房公积金转移申请书》和《住房公积金转移清册》。

（3）外部转入：《住房公积金转移开户证明》，单位为调入职工设立公积金账户后，经办人到所属管理部及合作的银行网点开具《住房公积金转移开户证明》，员工持该证明到转出单位办理转移手续，并提示转出单位在汇款单上注明转入职工的姓名、身份证号码、转入单位登记号。

7.3.4 个人信息变更

1. 申请条件

职工个人姓名、证件号、证件类型、储蓄类型、储蓄开户行、储蓄帐号、提取信息等发生变化时，可办理个人信息变更。单位经办人可集中办理，员工个人也可自行办理；个人申请办理时，修改任何个人信息时均需持身份证原件。

2．办理程序

单位经办人或本人预先填制公积金中心统一印制的《个人信息变更申请表》，加盖单位公章；持相关资料原件及复印件向开户管理部或管理部指定的受托银行办理。

（1）个人信息变更根据变更内容不同，由单位经办人集中办理或由个人办理。由单位经办人集中办理的业务如下：

- 个人基本信息变更，更名、证件类型、证件号变动较大的，需提供申请人身份证原件及复印件、户口簿或公安部门出具的更名、证件号的证明材料原件及复印件、单位经办人身份证原件；
- 姓名、证件号变动较小，需提供申请人身份证复印件、经办人身份证原件；
- 银行账户信息变更的，需提供变更后银行储蓄账卡（或存折）复印件、经办人身份证原件。

（2）提取信息变更的。

- 变更房屋性质、所购房屋地址、住房支出和提取限额调高的，需提供购房合同（房屋所有权证、不动产权证书）、发票（契税票）原件及复印件、借（贷）款合同原件及复印件、提取记录单原件及复印件、提取记录单原件、结婚证原件及复印件、经办人身份证原件；
- 本人或配偶提取限额降低的需提供提取记录单原件和经办人身份证原件；
- 解除婚姻关系的，需提供法院判决离婚的《人民法院民事判决书》和《人民法院协助执行通知书》或者协议离婚的离婚证和《离婚协议书》原件及复印件和经办人身份证原件；

● 变更租赁房屋地址、租赁起止时间的，需提供租房合同、发票原件 复印件、提取记录单原件、经办人身份证原件。

办理以上程序，都需要同时提供《个人信息变更申请书》（如表 7-5 所示）并加盖企业公章。

表 7-5　住房公积金个人信息变更申请书

个人信息变更申请书

北京住房公积金管理中心_____管理部：

　　　　本人_____证件号_____（兹委托经办人_____证件号_____）申请办理（□住房公积金、□住房补贴）个人信息变更事宜。

变更前：

　□姓名、□证件号、□证件类型、□银行账户信息、□房屋性质、□所购房屋地址（□租赁房屋地址）（第__条记录）、□住房支出（第__条记录）、□租赁起始时间、□租赁截止时间、□本人提取限额、□配偶提取限额、□解除双方婚姻关系为_____。

变更后：

　□姓名、□证件号、□证件类型、□银行账户信息、□房屋性质、□所购房屋地址（□租赁房屋地址）（第__条记录）、□住房支出（第__条记录）、□租赁起始时间、□租赁截止时间、□本人提取限额、□配偶提取限额、□解除双方婚姻关系为_____。

单位登记号：　　　　　　　　职工编号：

变更申请人签字：　　　　　　单位经办人签字：
　　　　　年 月 日　　　　　　　　年 月 日

单位已核对无误（单位公章或预留印鉴）。

主管业务副主任或前台业务主管审核签字：　　　　管理部经办人签字：
　　　　　　　　　　年 月 日　　　　　　　　　　年 月 日

7.3.5　补缴住房公积金

1. 办理程序

● 汇缴、补缴公积金可以采用转账支票、现金、委托银行收款等方式；

● 委托银行收款的单位需先与管理部签署《委托银行收款缴交住房公

积金协议》，与银行签署《北京市特约委托收款付款授权书》；

- 单位汇缴人员有变化的，或是办理职工补缴的，经办人需开通住房公积金网上申报系统，并在规定时间内（托收单位在托收前 3 个工作日）在网上申报系统中申报汇缴人员变更及补缴人员名录，通过审批后，托收单位等待银行自动划款，非托收单位经办人持相关材料到所属管理部或合作银行网点办理汇缴、补缴手续。

2．办理材料

补缴住房公积金需要的材料如表 7-6 所示。

表 7-6　补缴住房公积金办理材料

缴款类型	缴款方式	提交材料	规格	单位填写材料	备注
汇缴	转账支票	转账支票	原件	《住房公积金汇缴书》	管理中心统一印制
	现金	《现金送款簿》	客户联	《住房公积金汇缴书》	银行统一印制的三联《现金送款簿》，收款人栏统一填写"北京住房公积金管理中心"收款行及账号向管理部索取，解款部门栏填写缴存单位全称，并在《现金送款簿》空白处注明单位登记号、管理部编号及汇缴月份
补缴	转账支票	转账支票	原件	《住房公积金汇缴书》	补缴原因需另附说明的提供《补缴说明》并加盖单位公章
		补缴说明	原件		
	现金	《现金送款簿》	客户联	《住房公积金汇缴书》	
		补缴说明	原件		

7.3.6　提取住房公积金

1．申请条件

职工有下列情形之一的，可以提取住房公积金账户内的存储余额：

（1）购买、建造、翻建、大修自住住房的；

（2）离休、退休的；

（3）完全丧失劳动能力，并与单位终止劳动关系的；

（4）出境定居的；

（5）偿还自住住房贷款本息的；

（6）租房自住的；

（7）生活困难，正在领取城镇最低生活保障金的；

（8）遇到突发事件，造成家庭生活严重困难的；

（9）进城务工人员，与单位解除劳动关系的；

（10）在职期间判处死刑、判处无期徒刑或有期徒刑刑期期满达到国家法定退休年龄的；

（11）死亡或者被宣告死亡的；

（12）北京住房公积金管理委员会规定的其他情形。

职工符合（1）、（5）、（6）、（7）、（8）情形提取住房公积金的，配偶可以同时提取本人账户内的住房公积金。

2．办理程序

公积金提取，一般由所在单位代为办理。单位核实职工提取材料后，出具《提取申请书》，单位经办人持上述材料来办理提取业务。北京住房公积金提取业务标准要件如表 7-7 所示。

如单位拒绝为职工办理公积金提取，或者职工账户已转入集中封存户的，职工本人持上述材料来办理相关业务。

符合支取条件的，职工可选择办理公积金约定提取，个人账户中的公积金可定期转入职工指定银行储蓄账户中。

表 7-7 北京住房公积金提取业务标准要件清单

提取原因	材料名称	规格	份数	备注
购买本市商品房	提取申请书	原件	1 份	
	身份证	原件及复印件	各 1 份	
	购房合同	原件及复印件	各 1 份	
	购房发票	原件及复印件	各 1 份	
购买本市二手房	提取申请书	原件	1 份	
	身份证	原件及复印件	各 1 份	
	房产证	原件及复印件	各 1 份	
	契税完税凭证	原件及复印件	各 1 份	
购买外省市商品房	提取申请书	原件	1 份	
	身份证	原件及复印件	各 1 份	
	购房合同	原件及复印件	各 1 份	
	购房发票	原件及复印件	各 1 份	
	异地购房证明	原件	1 份	
	社保缴费证明	原件	1 份	
购买外省市二手房	提取申请书	原件	1 份	
	身份证	原件及复印件	各 1 份	
	房产证	原件及复印件	各 1 份	
	契税完税凭证	原件及复印件	各 1 份	
	异地购房证明	原件	1 份	
	社保缴费证明	原件	1 份	
商业贷款购房	提取申请书	原件	1 份	
	身份证	原件及复印件	各 1 份	
	借款合同	原件及复印件	各 1 份	
	首付款发票	原件及复印件	各 1 份	
	购房合同	复印件	1 份	
公积金贷款购房	提取申请书	原件	1 份	
	身份证	原件及复印件	各 1 份	

续上表

提取原因	材料名称	规格	份数	备注
大修、翻建住房	提取申请书	原件	1份	
	身份证	原件及复印件	各1份	
	产权证明	原件及复印件	各1份	
	大修证明	原件及复印件	各1份	
	购买材料发票	原件及复印件	各1份	
自建住房	提取申请书	原件	1份	
	身份证	原件及复印件	各1份	
	宅基地批复	原件及复印件	各1份	
	购买材料发票	原件及复印件	各1份	
离休、退休	提取申请书	原件	1份	提取本人账户内的全部本息余额，并注销个人公积金账户
	身份证	原件及复印件	各1份	
	离、退休证明	原件及复印件	各1份	
完全丧失劳动能力，并与单位终止劳动关系	提取申请书	原件	1份	提取本人账户内的全部本息余额，并注销个人公积金账户
	身份证	原件及复印件	各1份	
	丧失劳动能力鉴定	原件及复印件	各1份	
	解除劳动关系证明	原件及复印件	各1份	
在北京市无自有住房且租住商品房	提取申请书	原件	1份	
	身份证	原件及复印件	各1份	
	无自有住房证明	打印件	1份	提取申请人授权北京住房公积金管理中心查询并开具
	提取住房公积金支付房租承诺、授权书	打印件	1份	提取申请人填写并签字
	结婚证	原件及复印件	各1份	若提取申请人配偶提取，须提供结婚证明
租住公共租赁住房	提取申请书	原件	1份	
	身份证	原件及复印件	各1份	
	租房合同	原件及复印件	各1份	
	租房发票或者收据	原件及复印件	各1份	
	结婚证	原件及复印件	各1份	若提取申请人配偶提取，须提供结婚证明

续上表

提取原因	材料名称	规格	份数	备注
遭遇突发事件	提取申请书	原件	1 份	
	身份证	原件及复印件	各 1 份	
	单位或者街道出具的遭遇突发事件、生活困难证明	原件及复印件	各 1 份	
	近亲属关系证明	原件及复印件	各 1 份	近亲属关系主要指配偶及直系血亲
死亡提取	提取申请书	原件	1 份	
	身份证	原件及复印件	各 1 份	
	死亡证明	原件及复印件	各 1 份	
	继承关系或者受遗赠关系证明	原件及复印件	各 1 份	证明主要包括公证书、法院判决书、裁定书及调解书等
在北京市以外租房	提取申请书	原件	1 份	
	身份证	原件及复印件	各 1 份	
	租房合同	原件及复印件	各 1 份	发票应当事地税部门或者地税代征点开具
	租房发票	原件及复印件		
	单位出具的租房证明	原件	1 份	
	缴纳基本养老保险证明	打印件	1 份	
	结婚证	原件及复印件	各 1 份	若提取申请人配偶提取，须提供结婚证明
在北京市内租房	提取申请书	原件	1 份	
	身份证	原件及复印件	各 1 份	
	租房合同	原件及复印件	各 1 份	
	租房发票	原件及复印件	各 1 份	发票应当事地税部门或者地税代征点开具
	单位出具的租房证明	原件	1 份	
	结婚证	原件及复印件	各 1 份	若提取申请人配偶提取，须提供结婚证明

续上表

提取原因	材料名称	规格	份数	备注
职工出境定居	提取申请书	原件	1 份	
	户口注销证明	原件及复印件	各 1 份	
正在领取城镇最低生活保障金	提取申请书	原件	1 份	
	身份证	原件及复印件	各 1 份	
	北京市城市居民最低生活保障金领取证	原件及复印件	各 1 份	
进城务工人员，与单位解除劳动关系	提取申请书	原件	1 份	
	身份证	原件及复印件	各 1 份	
	户口证明	原件及复印件	各 1 份	
	解除劳动关系证明	原件	1 份	
在职期间判处死刑、判处无期徒刑或有期徒刑刑期期满达到国家法定退休年龄	提取申请书	原件	1 份	
	身份证	原件及复印件	各 1 份	
	人民法院判决书	原件及复印件	各 1 份	

7.4 确定缴费基数和比例

无论是社会保险还是住房公积金，在缴纳形式上是类似的，基本上都是按照单位和个人共同缴纳，缴纳基数一致，缴纳比例单独确定的方式。不同的省市对缴纳基数和缴纳比例的确定方式也是不同的。

7.4.1 核定社保、住房公积金缴费基数和比例的法律依据

1.《中华人民共和国社会保险法》相关规定

第十条 职工应当参加基本养老保险，由用人单位和职工共同缴纳基本养老保险费；

第二十三条　职工应当参加职工基本医疗保险，由用人单位和职工按照国家规定共同缴纳基本医疗保险费；

第三十三条　职工应当参加工伤保险，由用人单位缴纳工伤保险费，职工不缴纳工伤保险费；

第四十四条　职工应当参加失业保险，由用人单位和职工按照国家规定共同缴纳失业保险费；

第五十三条　职工应当参加生育保险，由用人单位按照国家规定缴纳生育保险费，职工不缴纳生育保险费。

2. 基本养老保险相关规定

《北京市基本养老保险规定》（北京市人民政府令第 183 号）：

第十二条　城镇职工以本人上一年度月平均工资为缴费工资基数，按照 8% 的比例缴纳基本养老保险费，全额计入个人账户。

缴费工资基数低于本市上一年度职工月平均工资 60% 的，以本市上一年度职工月平均工资的 60% 作为缴费工资基数；超过本市上一年度职工月平均工资 300% 的部分，不计入缴费工资基数，不作为计发基本养老金的基数。

第十三条　企业以全部城镇职工缴费工资基数之和作为企业缴费工资基数，按照 20% 的比例缴纳基本养老保险费。企业缴纳的基本养老保险费在税前列支。

3. 基本医疗保险相关规定

《北京市基本医疗保险规定》（北京市人民政府第 68 号令）：

第十条　职工按本人上一年月平均工资的 2% 缴纳基本医疗保险费。

职工本人上一年月平均工资低于上一年本市职工月平均工资 60% 的，

以上一年本市职工月平均工资的 60% 为缴费工资基数，缴纳基本医疗保险费。

职工本人上一年月平均工资高于上一年本市职工月平均工资 300% 以上的部分，不作为缴费工资基数，不缴纳基本医疗保险费。

无法确定职工本人上一年月平均工资的，以上一年本市职工月平均工资为缴费工资基数，缴纳基本医疗保险费。

第十二条　用人单位按全部职工缴费工资基数之和的 9% 缴纳基本医疗保险费。

4．失业保险相关规定

《北京市失业保险规定》（北京市人民政府令第 190 号）：

第七条　失业保险费缴纳标准：

（一）国有企业、城镇集体企业、股份制企业及各类联营企业、私营企业和事业单位，按本单位上年职工月平均工资总额的 1.5% 缴纳失业保险费；

（二）外商投资企业和港、澳、台商投资企业按本单位中方职工上年月平均工资总额的 1.5% 缴纳失业保险费；

（三）职工个人按本人上年月平均工资的 0.5% 缴纳失业保险费。职工本人月平均工资高于上一年本市职工月平均工资 300% 以上的部分，不作为缴纳失业保险费的基数；

（四）用人单位招用的农民合同制工人本人不缴纳失业保险费。

5．生育保险相关规定

《北京市企业职工生育保险规定》（北京市人民政府令第 154 号）：

第七条　生育保险费由企业按月缴纳。职工个人不缴纳生育保险费。

企业按照其缴费总基数的 0.8% 缴纳生育保险费。企业缴费总基数为本企业符合条件的职工缴费基数之和。

职工缴费基数按照本人上一年月平均工资计算；低于上一年本市职工月平均工资 60% 的，按照上一年本市职工月平均工资的 60% 计算；高于上一年本市职工月平均工资 3 倍以上的，按照上一年本市职工月平均工资的 3 倍计算；本人上一年月平均工资无法确定的，按照上一年本市职工月平均工资计算。

6．工伤保险相关规定

《北京市实施＜工伤保险条例＞办法》（北京市人民政府第 140 号令）：

第七条　本市根据国家规定和本市工伤保险基金支出、工伤发生率和职业病危害程度等情况，按照以支定收、收支平衡的原则确定工伤保险行业基准费率和浮动档次，向社会公布后施行。

工伤保险行业基准费率和浮动档次需要调整时，由市劳动保障行政部门会同市财政、卫生行政和安全生产监督管理部门提出调整方案，报市人民政府批准后施行。工伤保险行业基准费率和浮动档次。

表 7-8　工伤保险行业基准费率和浮动档次表

行业类别	行业基准费率	行业内费率浮动档次	行业名称
一	0.5	0.2 0.3 0.4 0.5	银行业，证券业，保险业，其他金融活动业，居民服务业，其他服务业，租赁业，商务服务业，住宿业，餐饮业，批发业，零售业，仓储业，邮政业，电信和其他传输服务业，计算机服务业，软件业，卫生，社会保障业，社会福利业，新闻出版业，广播、电视、电影和音像业，文化艺术业，教育，研究与试验发展，专业技术服务业，科技交流和推广服务业，城市公共交通业

续上表

行业类别	行业基准费率	行业内费率浮动档次	行业名称
二	1	0.5 0.8 1 1.2 1.5	房地产业，体育，娱乐业，水利管理业，环境管理业，公共设施管理业，农副食品加工业，食品制造业，饮料制造业，烟草制造业，纺织业，纺织服装、鞋、帽制造业，皮革、毛皮、羽毛（绒）、及其制品业，木材加工及木、竹、藤、棕、草制品业，家具制造业，造纸及纸制品业，印刷业和记录媒介的复制，文教体育用品制造业，化学纤维制造业，医药制造业，通用设备制造业，专用设备制造业，交通运输设备制造业，电气机械及器材制造业，仪器仪表及文化、办公用机械制造业，非金属矿物制品业，金属制品业，橡胶制品业，塑料制品业，通信设备、计算机及其他电子设备制造业，工艺品及其他制造业，化学纤维制造业，废弃资源和废旧材料回收加工业，电力、热力的生产和供应业，燃气生产和供应业，水的生产和供应业，房屋和土木工程建筑业，建筑安装业，建筑装饰业，其他建筑业，地质勘查业，铁路运输业，道路运输业，水上运输业，航空运输业，管道运输业，装卸搬运和其他运输服务业
三	2	1 1.6 2 2.4 3	石油加工、炼焦及核燃料加工业，化学原料及化学制品制造业，黑色金属冶炼及压延加工业，有色金属冶炼及压延加工业，石油和天然气开采业，黑色金属矿采选业，有色金属矿采选业，非金属矿采选业，煤炭开采和洗选业，其他采矿业

7. 住房公积金相关规定

《住房公积金管理条例》（中华人民共和国国务院令第350号）：

第十六条　职工住房公积金的月缴存额为职工本人上一年度月平均工资乘以职工住房公积金缴存比例。

单位为职工缴存的住房公积金的月缴存额为职工本人上一年度月平均工资乘以单位住房公积金缴存比例。

第十七条　新参加工作的职工从参加工作的第二个月开始缴存住房公积金，月缴存额为职工本人当月工资乘以职工住房公积金缴存比例。

单位新调入的职工从调入单位发放工资之日起缴存住房公积金，月缴存额为职工本人当月工资乘以职工住房公积金缴存比例。

第十八条　职工和单位住房公积金的缴存比例均不得低于职工上一年度月平均工资的 5%；有条件的城市，可以适当提高缴存比例。具体缴存比例由住房公积金管理委员会拟订，经本级人民政府审核后，报省、自治区、直辖市人民政府批准。

7.4.2　社保缴费基数和比例核定

实际工作中，相关省市都会直接下达当年社保保险缴费工资基数和缴费金额的通知，薪酬专员按照有关要求，直接核定或调整缴费基数和比例即可。

如北京市社会保险基金管理中心于 2016 年 6 月下达了《关于统一2016 年度各项社会保险缴费工资基数和缴费金额的通知》（京社保发〔2016〕14 号）。

关于统一 2016 年度各项社会保险缴费工资基数和缴费金额的通知

京社保发〔2016〕14 号

各区社会保险事业 (基金) 管理中心、北京经济技术开发区社会保险基金管理中心，各社会保险代办机构，各参保单位：

根据《北京市人力资源和社会保障局、北京市统计局关于公布 2015 年度北京市职工平均工资的通知》(京人社规发 [2016]102 号) 文件，2015 年度北京市职工年平均工资为 85 038 元，月平均工资为 7 086 元。按照北京市社会保险的相关规定，现就统一 2016 年度各项社会保险缴费工资基数和缴费金额的有关问题通知如下：

一、以本市上一年职工月平均工资作为缴费基数的，其缴费工资基数为 7 086 元。

二、上一年职工月平均工资收入超过本市上一年职工月平均工资300%的，其缴费工资基数为 21 258 元。

三、以本市上一年职工月平均工资的 70% 作为缴费基数的，其缴费工资基数为 4 960 元。

四、以本市上一年职工月平均工资的 60% 作为缴费基数的，其缴费工资基数为 4 252 元。

五、以本市上一年职工月平均工资的 40% 作为缴费基数的，其缴费工资基数为 2 834 元。

六、参加职工基本养老保险、机关事业养老保险、基本医疗保险、失业保险、工伤保险、生育保险的职工按照本人上一年月平均工资确定缴费基数。其中，缴费基数上限按照本市上一年职工月平均工资的 300% 确定。参加职工基本养老保险、失业保险的职工缴费基数下限按照本市上一年职工月平均工资的 40% 确定；参加机关事业养老保险、基本医疗保险、工伤保险、生育保险的职工，缴费基数下限按照本市上一年职工月平均工资的 60% 确定。

七、个人委托存档的灵活就业人员缴纳职工基本养老保险、失业保险和基本医疗保险月缴费金额：

（一）职工基本养老保险、失业保险

1. 以本市上一年职工月平均工资为缴费基数的，月缴纳职工基本养老保险费 1 417.2 元、失业保险费 85.03 元。

2. 以本市上一年职工月平均工资的 60% 作为缴费基数的，月缴纳职工基本养老保险费 850.4 元、失业保险费 51.02 元。

3. 以本市上一年职工月平均工资的 40% 作为缴费基数的，月缴纳职工基本养老保险费 566.8 元、失业保险费 34.01 元。

4. 享受社会保险补贴人员，月缴纳职工基本养老保险费 170.04 元、失业保险费 5.67 元。

（二）医疗保险

不享受医疗保险补贴人员，个人月缴费为 347.2 元；享受医疗保险补贴人员，个人月缴费为 49.6 元。

北京市社会保险基金管理中心

2016 年 6 月 13 日

根据该通知，我们可以将一般企业员工当年缴纳社保的缴费基数和比例按表 7-9 确定。

表 7-9　企业员工当年缴纳社保的缴费基数和比例

缴费基数	缴费比例		
	类别	单位承担比例	个人承担比例
以本市上一年职工月平均工资作为缴费基数的，核定基数为 7 086 元。 缴费基数上限按照本市上一年职工月平均工资的 300% 确定为 21 258 元。 参加职工基本养老保险、失业保险的职工缴费基数下限按照本市上一年职工月平均工资的 40% 确定为 2 834 元。	基本养老保险	19%	8%
	基本医疗保险	9%+1%	2%+3 元
	失业保险	1%	0.2%
	工伤保险	按规定核定	不承担
	生育保险	0.8%	不承担

备注：1. 根据《关于阶段性降低本市社会保险费率的通知》（京人社保发 [2016]98 号），2016 年 5 月 1 日起，降低社保费率，职工基本养老保险缴费比例，由原 28% 调整为 27%，降低费率的期限暂按两年执行。其中，单位缴费比例由原来的 20% 调整为 19%，个人缴费比例不作调整；失业保险缴费比例，由原来的 1.2% 调整为 1%，降低费率的期限暂按两年执行。其中，单位缴费比例由原来的 1% 调整为 0.8，个人缴费比例不作调整。

2. 根据《北京市基本医疗保险规定》，"参加基本医疗保险的用人单位及其职工和退休人员应当参加大额医疗费用互助"缴费基数与基本医疗保险相同，缴费比例为单位 1%，个人 3 元 / 月。

7.4.3 住房公积金缴费基数和比例

每年在核定住房公积金缴费基数和缴费比例时，住房公积金管理中心会发布相关通知。例如北京市 2018 年于北京住房公积金网（http://www.bjgjj.gov.cn/）发布通知如下：

北京住房公积金管理委员会关于落实《住房城乡建设部 财政部 人民银行关于改进住房公积金缴存机制 进一步企业成本的通知》的通知

京房公积金管委会〔 2018 〕1 号

北京住房公积金管理中心、各住房公积金缴费单位：

根据《住房城乡建设部 财政部 人民银行关于改进住房公积金缴存机制 进一步降低企业成本的通知》（建金〔 2018 〕45 号）要求，现就有关事宜通知如下：

一、继续延长北京地区阶段性适当降低企业住房公积金缴存比例政策

北京地区企业为职工缴存住房公积金缴存比例，由企业根据自身情况在 5%-12% 范围内自主确定，执行期至 2020 年 4 月 30 日。新建住房公积金单位于开户时自行选择确定；已建住房公积金单位于每年办理年度住房公积金缴存基数调整时自行确定。

二、授权北京住房公积金管理中心（以下简称管理中心）审批单位降低缴存比例或缓缴申请

出现生产经营困难的企业，经职工代表大会或工会讨论通过，没有职工代表大会或工会的，经全体职工 2/3 以上同意，可在 1%-4 % 范围内申请降低比例缴存住房公积金或申请缓缴。

申请企业于每年办理年度住房公积金缴存基数调整时向北京住房公积

金管理中心中共中央直属机关分中心、中央国家机关分中心、北京铁路分中心及十八个管理部提出申请，提交职工代表大会、工会或全体职工 2/3以上同意的意见。三个分中心及十八个管理部应在收到申请材料的 10 个工作日内做出审批决定。

缓缴住房公积金的单位，待单位经济效益好转后，应补缴缓缴期间的住房公积金。

三、2018 住房公积金年度缴存基数及月缴存额上限

住房公积金的月缴存基数上限为北京市统计局公布的上一年度职工月平均工资的 3 倍，根据北京市人力资源和社会保障局、北京市统计局（京人社规发〔2018〕115 号）公布的 2017 年度北京市职工月平均工资，2018住房公积金年度（2018 年 7 月 1 日至 2019 年 6 月 30 日）北京住房公积金缴存基数上限为 25 401 元，月缴存额上限为 6 096 元，职工和单位月缴存额上限均为 3 048 元。

凡缴存基数超上限的单位，应按照缴存基数上限予以规范，于 2018年 7 月底之前调整完毕。

四、本通知自下发之日起实施，此前有关规定与本通知不一致的，以本通知为准。

北京住房公积金管理委员会

2018 年 6 月 13 日

与社保不同，住房公积金的比例并不是固定的，企业可以根据实际情况，在 5% ～ 12% 的范围内确定合适的缴费基数，但公积金缴费上限不得超过北京市政府相关规定。

第 8 章　个人所得税的核算和节税

8.1　个税计算的法律规定

我国现行个人所得税制度以 1994 年改革后的个人所得税制为基本框架，在本书正当交付印刷厂开印之时，第十三届全国人大常委会第五次会议于 2018 年 8 月 31 日对税法进行了修订。本次修订不仅在税率上有所调整，在个人纳税方法上也有所调整。遗憾的是，本次修订的税法中，对预扣预缴和汇算清缴、专项扣除项目等规定，仍需要国务院出台更为细致的实施条例。2019 年 1 月 1 日起，新税法开始实施。2018 年 10 月 1 日起，施行最新起征点和税率开始采用。本章内容将以新税法规定税率进行核算。对于尚未在实施条例中明确的内容，予以方法上的推测和讲解。读者可扫描二维码关注公众号，回复"个税"获取最新解析与实务指导。

8.1.1　个人所得税适用范围

税制上实行分类所得制，纳税对象分为以下九项：

- 工资、薪金所得；
- 劳务报酬所得；
- 稿酬所得；
- 特许权使用费所得；
- 经营所得
- 利息、股息、红利所得；
- 财产租赁所得；
- 财产转让所得；

● 偶然所得。

8.1.2　工资、薪金所得个税计算

2018 年 10 月起将采用的个税税率，如表 8-1 所示。员工工资、薪金所得的个税计算适用超额累进税率，税率为百分之三至百分之四十五。

表 8-1　个税税率表

级数	全年应纳税所得额	全月应纳税所得额	税率（%）	速算扣除数
1	不超过 36 000 元的	不超过 3 000 元的	3	0
2	超过 36 000 元至 144 000 元的部分	超过 3 000 元至 12 000 元的部分	10	210
3	超过 144 000 元至 300 000 元的部分	超过 12 000 元至 25 000 元的部分	20	1 410
4	超过 300 000 元至 420 000 元的部分	超过 25 000 元至 35 000 元的部分	25	2 660
5	超过 420 000 元至 660 000 元的部分	超过 35 000 元至 55 000 元的部分	30	4 410
6	超过 660 000 元至 960 000 元的部分	超过 55 000 元至 80 000 元的部分	35	7 160
7	超过 960 000 元的部分	超过 80 000 元的部分	45	15 160

员工工资、薪金所得应按月计征，计算方法为：

个人所得税税额 = 应纳所得额 × 税率 - 速算扣除数

其中：应纳税所得额为每月收入额减除费用 5 000 元后的余额。

应纳税所得额 =（应发工资 - 专项扣除 - 专项附加扣除 - 依法确定
的其他扣除后的余额）-5 000

其中：专项扣除包括按照国家规定的范围和标准缴纳的基本养老保险、基本医疗保险、失业保险等社会保险费和住房公积金等；专项附加扣除包括子女教育、继续教育、大病医疗、住房贷款利息或者住房租金、赡养老人等支出。这两项将是较为常见的内容，所以每月工资表中的员工应纳税所得额，可以按以下公式计算：

应纳税所得额 =（应发工资 - 五险一金个人缴纳数 - 专项附加
扣除）-5 000 元

8.1.3 年终奖个税计算

按照 2018 年 12 月 31 日前税法规定，员工取得全年一次性奖金，应单独作为一个月工资、薪金所得计算纳税。

年终奖个人所得税计算方法：

（1）发放年终奖的当月工资高于 5 000 元时，年终奖扣税方法为：

年终奖个人所得税 = 年终奖 × 税率 - 速算扣除数，

其中：税率是按年终奖除以 12 个月的值作为"应纳税所得额"对应的税率。

（2）当月工资低于 5 000 元时，年终奖扣税方法为：

年终奖个人所得税 =〔年终奖 -（5 000- 月工资）〕× 税率 - 速算扣除数，

其中：税率是按"年终奖 -（5 000- 月工资）除以 12"作为"应纳税所得额"对应的税率。

2019 年 1 月 1 日起，年终奖个税计算方法将有所改变。新税法采用了"以每一纳税年度的收入额减除费用六万元以及专项扣除、专项附加扣除和依法确定的其他扣除后的余额，为应纳税所得额。"所以，员工纳缴采用了由企业（扣缴义务人）按月或按次预扣预缴税款，次年三月一日至六月三十日内办理汇算清缴的方式。其中，涉及到退税的，经税务机关审核后，按规定办理退税。

8.1.4 个税的减免情况

1. 免征

下列各项个人所得，免纳个人所得税：

● 省级人民政府、国务院部委和中国人民解放军军级以上单位，以及外国组织、国际组织颁发的科学、教育、技术、文化、卫生、体育、环境保护等方面的奖金；

- 国债和国家发行的金融债券利息；
- 按照国家统一规定发给的补贴、津贴；
- 福利费、抚恤金、救济金；
- 保险赔款；
- 军人的转业费、复员费、退役金；
- 按照国家统一规定发给干部、职工的安家费、退职费、基本养老金或者退休费、离休费、离休生活补助费；
- 依照有关法律规定应予免税的各国驻华使馆、领事馆的外交代表、领事官员和其他人员的所得；
- 中国政府参加的国际公约、签订的协议中规定免税的所得；
- 国务院规定的其他免税所得。

2．减征

有下列情形之一的，经批准可以减征个人所得税：

- 残疾、孤老人员和烈属的所得；
- 因严重自然灾害造成重大损失的；
- 国务院规定的其他减税情形。

8.1.5　境内境外取酬个税缴纳规定

1．在中国境内有住所，或者无住所而一个纳税年度（公历一月一日起至十二月三十一日止，下同）内在中国境内居住累计满一百八十三天的个人，为居民个人。居民个人从中国境内和境外取得的所得，依法缴纳个人所得税。

2．在中国境内无住所又不居住，或者无住所而一个纳税年度内在中国境内居住累计不满一百八十三天的个人，为非居民个人。非居民个人从中国境内取得的所得，依法缴纳个人所得税。

3．居民个人从中国境外取得的所得，可以从其应纳税额中抵免已在境外缴纳的个人所得税税款，但抵免额不得超过该纳税人境外所得依照税法规定计算的应纳税额。

------------ 小 知 识 ------------

个人所得税的历史

国际上公认的个税征收，是英国 1799 年开始的，当时征收个税是为了支付拿破仑战争期间英国的军事支出。在英国之后，美国为了筹措南北战争期间的战争费用，也开始征收个税。随后，世界各国相继出台了个税制度。

据考，我国在汉武帝时期即推行了个税制度，公元前 119 年，为增加财政收入，汉武帝要求商人、手工业者、高利贷者向官府自报资产，并按资产缴税。

新中国成立后的 1950 年 7 月，政务院公布《税政实施要则》中，就列举有对个人所得税的税种，当时定名为"薪给报酬所得税"。但由于当时人均收入水平低，虽然设立了税种，却一直没有开征。

1980 年 9 月，第五届全国人民代表大会第三次会议通过并公布了《中华人民共和国个人所得税法》。但由于规定的免征额较高（每月或每次 800元），而当时一个国企职工的月收入只有四五十元，因此当时绝大多数国内居民不在征税范围之内。

1993 年 10 月 31 日，第八届全国人民代表大会常务委员会第四次会议通过了《关于修改〈中华人民共和国个人所得税法〉的决定》的修正案，规定不分内、外，所有中国居民和有来源于中国所得的非居民，均应依法缴纳个人所得税。同日发布了新修改的《中华人民共和国个人所得税法》。当时的个税起征点依然是 800 元。

8.2　个人所得税计算实例

关于个税的计算，税法及相关规定得比较完整。但个人所得税法经过多次调整和补充，各项规定散见于不同的法律和规定中，且法律表述力求严谨，却容易让人产生误解。为了便于对个税计算的理解，以下列举几种不同情况下的纳税实例：

8.2.1　普通员工的月工资个税计算

某员工月工资为 11 000 元，假设其五险一金个人缴费额为 2 000 元，无专项附加扣除。个税计算方法如下：

1. 应纳税所得额 = 应发工资 − 五险一金个人缴费部分 − 专项附加

扣除 − 个税起征点

= 11 000−2 000−0−5 000

= 4 000 元

2. 个人适用第 3 级税率，税率为 10%，速算扣除数为 210 元。

个人所得税税额 = 应纳税所得额 × 税率 − 速算扣除数

= 4 000×10%−210

= 190 元

8.2.2　普通员工的年收入个税计算

某员工月工资为 11 000 元，每月工资五险一金个人缴纳额为 2 000 元，年终奖为 50 000 元，无专项附加扣除。年收入个税计算具体如下：

1．全年应纳税所得额

全年应纳税所得额 = 年收入 − 五险一金个人缴费部分 − 专项附加

扣除 − 个税起征点

=11 000×12+50 000−2 000×12−0−60 000

=98 000 元

2．全年个税税额

全年个税税额 = 应纳税所得额 × 税率 − 速算扣除数

=98 000×10%−2 520

=7 280 元

其中：全年个税税率的速算扣除数如表 8-2 所示。

表 8-2　个税税率表（年整算扣除数）

级数	全年应纳税所得额	税率（%）	速算扣除数
1	不超过 36 000 元的	3	0
2	超过 36 000 元至 144 000 元的部分	10	2 520
3	超过 144 000 元至 300 000 元的部分	20	16 920
4	超过 300 000 元至 420 000 元的部分	25	31 920
5	超过 420 000 元至 660 000 元的部分	30	52 920
6	超过 660 000 元至 960 000 元的部分	35	85 920
7	超过 960 000 元的部分	45	181 920

3． 企业发放员工月工资时预扣预缴税款按 8.2.1 方法计算为每月 190

元，全年合计 2 280 元。用全年个税税额扣除预扣预缴税款即为员工年终奖应缴纳个税税额。

由于国务院实施条例尚未发布，在实际操作中，采用每月预扣预缴税款，次年汇算清缴，无论员工年终奖在纳税年度采用何种形式发放，最终全年收入不变的情况下，所需缴纳的个税是固定的，多扣缴个税的，员工可以在次年汇算清缴时，申请退回。

8.2.3　领取税后工资人员的个税计算

有企业与员工约定税后工资，即无论个税是多少，由企业保证员工的税后收入。在此背景下，员工对个税是不关心的，但企业一样要为员工缴纳个人所得税。此时的个税计算应当使用表 8-3 的不含税级距的个税税率表。

表 8-3　个税税率表（不含税级距）

级数	全月应纳税所得额（不含税级距）	税率（%）	速算扣除数
1	不超过 2 910 元的	3	0
2	超过 2 910 元至 11 010 元的部分	10	210
3	超过 11 010 元至 21 410 元的部分	20	1 410
4	超过 21 410 元至 28 910 元的部分	25	2 660
5	超过 28 910 元至 42 910 元的部分	30	4 410
6	超过 42 910 元至 59 160 元的部分	35	7 160
7	超过 80 000 元的部分	45	15 160

某员工月税后工资为 10 000 元，则为税率表中第 2 级税率，税率为 10%，速算扣除数为 210，个人所得税的计算方法为：

员工应纳税所得额 =（不含税收入额 - 费用扣除标准 - 速算扣除数）

÷（1 - 税率）

=（10 000-5 000-210）÷（1-10%）

=5 322.22 元

员工应缴纳的个人所得税 = 应纳所得额 × 税率 - 速算扣除数

$$= 5\,322.22 \times 10\% - 210$$

$$= 322.22\ \text{元}$$

也就是我们在工资表中，不考虑五险一金因素，员工应发工资为 10 322.22 元时，税后工资为 10 000 元。

8.2.4 外籍人士的个税计算

外籍人士在境内取得的工资个税计算要区分其是居民个人还是非居民个人。

1. 居民个人的个税计算方法与普通员工一致

与 8.2.1 中例子相同，外籍人士月工资为 11 000 元的，个税计算如下：

个人所得税税额 = 应纳所得额 × 税率 - 速算扣除数

$$= （11\,000 - 5\,000）\times 10\% - 210$$

$$= 6\,000 \times 10\% - 210$$

$$= 390\ \text{元}$$

2. 非居民个人的个税计算

根据税法规定，对在中国境内无住所而在中国境内取得工资、薪金所得的纳税义务人和在中国境内有住所而在中国境外取得工资、薪金所得的纳税义务人，可以根据其平均收入水平、生活水平以及汇率变化情况确定附加减除费用，附加减除费用适用的范围和标准由国务院规定。根据原《个人所得税法实施条例》规定，该附加减除费用标准为 1 300 元，即个税起征点为 4 800 元。

个人所得税税额＝应纳所得额 × 税率－速算扣除数

$$＝（10\,000-4\,800）×20\%-555$$

$$＝5\,200×20\%-555$$

$$＝485\,元$$

2018 年底，新的《个人所得税法实施条例》将会重新核定附加减除费用标准及个税起征点，但计算方法与以上是一致的。

8.2.5　个人在境外取得收入的个税计算

中国公民在境外取得的收入，且在境外已经纳税的，还应在结税年度终了后三十日内向国内税务机关申报缴纳个人所得税。在国内申报纳税时，准予其在应纳税额中抵扣已在境外缴纳的个人所得税额。即，如纳税人在国外实际缴纳的个人所得税额，低于按国内个人所得税法规定计算的税额，应当缴纳差额部分的税款；如高于国内个人所得税法规定计算的税额，可以在以后纳税年度的该国家或地区的扣除限额的余额中补扣，且补扣期最长不得超过五年。

如某人在同一纳税年度，从 A、B 两国取得应税收入。其中：在 A 国公司任职，取得工资薪金收入 120 000 元人民币，并在 A 国缴纳个人所得税 1 500 元；在 B 国获兼职工资收入 120 000 元，并在 B 国缴纳该项收入的个人所得税 4 000 元。在国内申报时应补缴情况如下：

1．A 国取得收入的个税申报补缴情况

按照我国税法计算，其应纳税额为：

个人所得税月税额＝应纳所得额 × 税率－速算扣除数

$$＝（120\,000-60\,000）×10\%-2\,520$$

$$＝60\,000×10\%-2\,520$$

$$＝3\,480\,元$$

其应向国内税务机构补缴个人所得税情况为：

补缴个人所得税额 = 按国内税法计算的应纳税额 − 在国外实际纳税额

$$=3\ 480-1\ 500$$

$$=1\ 980\ 元$$

2. B 国取得收入的个税申报补缴情况

同上，按照我国税法计算，其应纳税额为：3 480 元。

其应向国内税务机构补缴个人所税情况为：

补缴个人所得税额 = 按国内税法计算的应纳税额 − 在国外实际纳税额

$$=3\ 480-4\ 000$$

$$=-520\ 元$$

即，该员工在 B 国缴纳的个税超过了国内核定的标准，则该 520 可作为抵扣数，在未来五年中抵扣该员工应缴纳的在 B 国取得收入的个税补缴额。

8.2.6 烈属的个税计算

不同地区对列属的个税减免规定不同，以北京市为例，《关于残疾、孤老人员和烈属的所得减征个人所得税问题的通知》（京财税 [2006]947 号）规定，持有区县以上民政部门、残联有效证件或证明的烈属、孤老人员和残疾人取得的工资、薪金所得，按应纳税额减征 50% 的个人所得税。即在计算烈属员工的个税时，先按标准计算后按照 50% 的额度扣减，剩余的 50% 返还员工本人。当然，在该政策执行时，公司应提前向税务部门提供烈属有关证明材料并获得确认后实施。

8.3　个人所得税如何节税

节税（或叫合理避税）会造成员工薪酬结构复杂化，长期客观来看，并不利于企业激励导向和政策的实施。但节税的话题是员工关心的问题，HR 应该多少了解一些节税的方法或思路。

8.3.1　明确员工收入结构和内涵

个人所得税是按照员工个人工资和薪金征缴的，管理者可以通过调整员工收入结构达到节税的目的。例如：税法规定福利费可以免征个人所得税。但需要注意，这里的福利费不是员工的交通补贴、午餐补贴等自有福利，而是按国家有关规定，从企业提留的福利费或工会经费中支付给个人的生活补助费。根据《关于企业加强职工福利费财务管理的通知》（财企〔2009〕242 号）规定，企业职工福利费是指企业为职工提供的除职工工资、奖金、津贴、纳入工资总额管理的补贴、职工教育经费、社会保险费和补充养老保险费（年金）、补充医疗保险费及住房公积金以外的福利待遇支出，包括发放给职工或为职工支付的以下各项现金补贴和非货币性集体福利：如职工供养直系亲属医疗补贴、职工疗养费用、自办职工食堂经费补贴或未办职工食堂统一供应午餐支出、符合国家有关财务规定的供暖费补贴、防暑降温费等。以未办职工食堂统一供应午餐支出为例，企业可组织员工的统一就餐。另外，员工个人每月缴纳的住房公积金是从税前扣除的，也就是说住房公积金是不用纳税的。企业可以通过为员工办理住房公积金或按规定调整住房公积金员工个人和单位缴存额度达到节税目的。

8.3.2　提供多选择的福利支出

以货币形式发放给职工的交通补贴、误餐补贴、住房补贴、通讯补贴等，均视为工资、薪金所得，计入应纳税所得额。如企业采用变通的方法，向员工提供相关福利，而不是发放现金，也可以起到一定的节税效果。例如企业为员工提供班车、免费用餐、工作服等。

有企业采用了菜单式的福利，根据员工要求定制福利，比如境外旅游。原有的形式是企业将现金发给员工，并缴纳个税，员工自己支配旅游的费用。采用菜单式福利后，可以由员工选择福利形式，由企业按标准支付部分或全部费用，这样即可达到一定的节税效果。

综合来看，个人工资、薪金的合理节税，需要考虑的因素是很多的。在节税中，薪酬专员也要牢记以下原则：

一是节税是合理避税，是利用法律规定的漏洞，而不是违法，所以一定不能从事法律禁止的行为；

二是节税要服务于企业管理，不要为节税随便调整薪酬结构、发放方式，降低薪酬的激励作用；

三是没有一套能够让所有员工都满意的节税方法，薪酬专员的工作要服从于管理者管理要求，不要让节税成为一种必须的行为。

第 9 章　企业薪酬年度计划的编制

9.1　全面预算和薪酬预算

9.1.1　年度财务全面预算

企业年度财务全面预算反映的是企业未来一年内的全部生产活动、经营活动的财务计划。通过全面预算，管理者可以对未来企业的资源准备、经营活动和将达到的目标有一个全面的认识。全面预算是全局性的预算，可以将企业资源使用、管理和经营活动与市场环境联系到一起。避免了资源的浪费和低效使用。通过对全面预算过程执行的监督，通过对预算与执行情况的比较和分析，管理者可以及时调整经营管理，加强对企业的监控。

在全面预算编制过程中，财务部是工作的推动者及实施者，各业务主体或部门是预算的编制主体，董事会负责制定预算目标，股东大会审议并批准预算，有些公司由股东大会授权董事会审批年度预算。

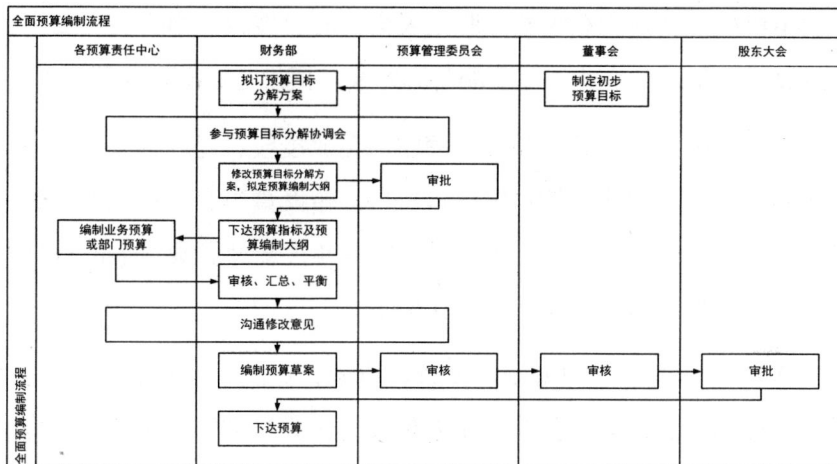

图 9-1　全面预算编制流程

9.1.2 年度薪酬预算

薪酬预算是全面预算的一部分，在全面预算中，薪酬预算被称为人工成本预算，包括：职工工资总额、社会保险费、职工福利费、职工教育费、劳动保护费、职工住房费和其他人工成本费等 7 大项。

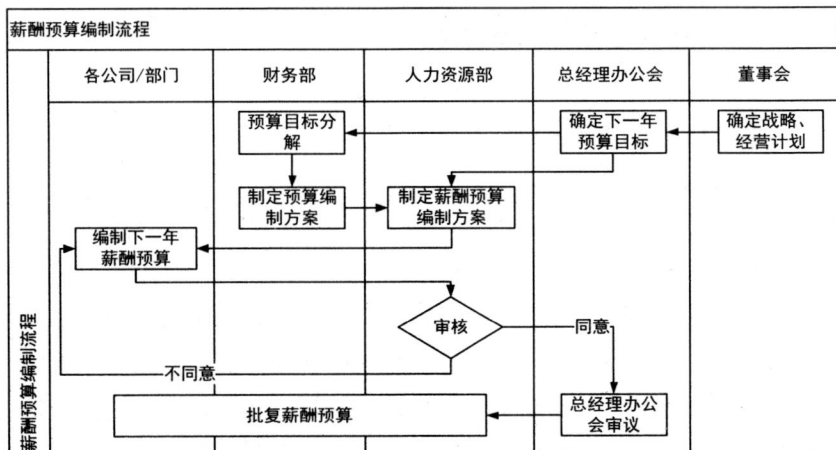

图 9-2　薪酬预算编制流程

薪酬预算管理与财务全面预算管理方法类似，管理机构包括决策机构、工作机构和执行机构。

决策机构是企业股东大会，股东大会一般会授权董事会负责决定企业薪酬预算管理制度和企业年度薪酬预算方案，提出年度薪酬预算目标。

董事长会组织成立薪酬预算管理委员会或授权总经理办公会负责，作为企业专门负责薪酬预算管理的决策机构，帮助董事会开展工作。负责制定薪酬预算管理的制度、规定等文件，审议年度薪酬预算编制的程序和要求，审议薪酬预算草案，并提出修改意见。

工作机构负责预算的编制、审查、协调、控制、调整、核算、分析、反馈、考评与奖惩。薪酬预算编制委员会是预算日常管理机构，人力资源部是牵头负责部门，负责根据企业要求制定薪酬预算目标，编制预算，指导各部门及下属单位的薪酬预算编制工作，初步审查部门及下属单位的薪酬预算草案，汇总编制预算草案，并与财务部门及公司领导沟通后，报预算管理委员会审查。

执行机构由各部门组成，按照薪酬预算实施成本控制计划，并将过程中的问题及时反馈给薪酬预算管理机构。

----------- 小 知 识 -----------

全面预算管理和人工成本预算管理

预算是一种系统的方法，用来分配企业的财务、实物及人力等资源，以实现企业既定的战略目标。全面预算管理自从 20 世纪 20 年代在美国的通用电气、杜邦、通用汽车公司产生之后，很快就成了大型工商企业的标准作业程序。从最初的计划、协调，发展到兼具控制、激励、评价等诸多功能的一种综合贯彻企业经营战略的管理工具，全面预算管理在企业内部控制中日益发挥核心作用。

人工成本预算管理包含于全面预算管理之中，也可视为人力资源计划管理的主要内容。它是以人工成本为主线，通过人工成本结构、总量、效率的分析，在企业人工成本投入与员工劳动回报之间寻找最佳平衡点。

9.2　薪酬预算的编制方法

9.2.1　预算编制方法

预算编制方法主要包括固定预算、弹性预算、增量预算、零基预算和流动预算。

（1）固定预算，是根据预算期内正常的、可实现的某一业务量水平为基础编制的预算。固定预算的特点就是预算一旦确定便不会发生变化。固定预算较适用于费用发生或经营情况稳定的项目。例如某小区的物业公司，在新的一年中人员、工作都不会发生大的变化，而预算也基本与上年一致。

（2）弹性预算，是按照企业收入、成本与利润之间的联系，充分考虑预算期间业务量可能发生的变化，制定的适合多种业务的预算方法。弹性预算的特点是可以反映不同业务情况下所应支付的费用水平。例如，某单一型号手机制造商制定的预算，假设手机制造成本是固定的，每生产一部手机制定成本为500元，利润为100元。那么企业在制定预算时，按照生产1万部手机，公司成本预算为500万元，利润预算为100万元；如果按照生产10万部手机计算，则成本和利润预算也相应提高10倍。

（3）增量预算，根据上期成本费用的基础上根据预计的业务情况，再结合管理需求，调整有关费用项目。这一预算方法的前提是上一期费用发生的情况是合理的。而且成本费用与业务量或利润之间存在着正相关。例如，某企业上年成本费用为1 000万元，利润为500万元。按照历史经验，每增加1万元利润需要增加投入1.5万元成本费用。那么在新一年企业利润计划为600万元，也就是利润增量为100万元（600万元 -500万元），而增加100万元利润需要增加投入150万元的成本费用（100万元×1.5），所以当年成本费用的预算为1 150万元（上年发生1 000万元 + 本年新增150万元）。

（4）零基预算，就是在编制预算时，完全从零开始，不考虑以前发生的费用项目和其金额。从理论上讲，零基预算是最为合理的预算。因为企业的内外部环境随时都在发生变化，根据历史经验判断的预算并不能一定准确，而零基预算完全根据当前的内外部环境及业务量进行编制，其准确性是较高的；但零基预算的工作量巨大，费用也较高，预算编制的周期也很长，专业性要求高，与预算的效果相比，采用零基预算未必是有利的。

（5）滚动预算，是指在编制预算时，预算期与会计期脱离，随着预算的执行不断的补充预算，预算周期向后滚动，使预算期间始终保持在一个固定的长度（一般为 12 个月）。

滚动预算的预算期较长，由于企业难于预计未来的某些活动，给预算编制带来了难度；但滚动预算可以确保管理活动的持续开展，有利于保证企业的经营管理工作能稳定而有序地进行。

9.2.2　薪酬预算编制方法

薪酬预算的不同在于，预算情况比较复杂，每一项内容在预算编制时都要考虑到其自身特点及相关的规定。薪酬（人工成本）预算编制内容如表 9-1 所示。

（1）固定部分。薪酬中有一些是固定不变或不会减少的费用。例如：员工的基本工资部分正常情况下是不能下降的；企业为员工缴纳的社会保险和住房公积金，正常情况下也会逐年上调。这些部分的预算应根据企业新一年的预计情况，按人编制。并不受企业经营好坏、业务规模大小等因素的影响。

（2）变化部分。薪酬中的一些项目会随企业业务或效益情况发生变化的。例如：奖金是企业的利润分享，企业效益好时，奖金额度会提高，企业效益下降时，额度会下降；绩效工资一般与企业和个人绩效水平挂钩，当企业整体业绩完成较好时，绩效工资水平会有所提高。

（3）不确定因素。薪酬预算中还存在一些不确定因素。例如员工的离职补偿、工伤补助等。这些费用的发生主要受外因影响，企业可以根据历史经验数据制定预算。

表 9-1 薪酬（人工成本）预算编制表

项目	行次	上年数	本年预算数	增减率	人员变化影响	
					增加／减少人数	增加／减少金额
一、经营指标	1					
（一）利润总额	2					
（二）营业收入	3					
二、人工成本	4					
（一）工资和奖金	5					
1. 基础工资总额	6					
2. 绩效工资总管	7					
3. 奖金总额	8					
（二）福利	9					
1. 社会保险费用金额	10					
2. 自有福利	11					
其中：交通补贴	12					
电话费补贴	13					
其他福利	14					
3. 住房费用	15					
其中：住房公积金	16					
企业住房补贴	17					
（三）职工教育费	18					
培训费	19					
（四）其他人工成本	20					
……						

9.3 预算执行的过程监控

9.3.1 定期报告和不定期报告

企业对薪酬预算执行情况的监测一般采用定期报告和不定期报告的形式。

（1）定期报告，就是企业周期性地对薪酬预算执行情况进行检查，收集预算执行数据，进行分析，并出具相应的报告。定期报告的周期根据企业管理习惯、数据统计水平等因素确定。周期性一般为月度、季度、半年和年度四种形式。

定期报告的内容包括：薪酬年度计划和报告期的计划、薪酬当期发生情况和累计完成情况、企业经营情况、主要财务指标完成情况、薪酬完成与计划情况的差异分析和改进措施、薪酬预计全年完成情况以及薪酬各组成部分的以上情况分析。

（2）不定期报告。与定期报告不同，不定期报告主要是针对企业薪酬预算执行时出现的重大情况、问题而专门撰写的分析报告。不定期报告的内容、汇报时期具有临时性，其核心并不是大而全地反映薪酬问题，而是突出重点，分析汇报薪酬管理过程中的重点环节或问题，以及对某一专项问题的改进建议。

9.3.2　薪酬执行的监测

薪酬执行一般采取月度跟踪监测的方式，如表 9-2 所示。每月企业人力资源部汇总薪酬月度执行情况监控表，并根据预算执行情况，采取一定的措施。

表 9-2　人工成本执行情况月度监控表

项目	行次	本年预算数	当月完成数	完成比率	上年同期数	增长比率
一、经营指标	1					
（一）利润总额	2					
（二）营业收入	3					
二、薪酬	4					
（一）工资和奖金	5					
1.基础工资总额	6					
2.绩效工资总管	7					

续上表

项目	行次	本年预算数	当月完成数	完成比率	上年同期数	增长比率
3．奖金总额	8					
（二）福利	9					
1．社会保险费用金额	10					
2．自有福利	11					
其中：交通补贴	12					
电话费补贴	13					
其他福利	14					
3．住房费用	15					
其中：住房公积金	16					
企业住房补贴	17					
（三）职工教育费	18					
培训费	19					
（四）其他人工成本	20					
……						

9.3.3　薪酬预算调整措施

企业采取薪酬预算执行监测的目的并不是得到一个分析报告，而是要及时发现预算执行中的问题，并采取相应的对策，以确保企业薪酬付出效率的最大化。

对薪酬预算调整意见主要包括下面两个方面。

一是薪酬预算本身是否合理。薪酬预算是一项计划工作，其前提是计划期内企业经营是按照计划开展的，一旦执行情况与工作计划不符，那么薪酬预算实施前提就发生了变化，这会直接导致预算执行的差异。企业在此时根据经营情况或经营计划的变化调整薪酬预算就是一项十分必要的工作。按照管理分工，薪酬预算的调整应该与薪酬编制程序一致。

　　二是薪酬预算执行的环境并没有发生大的变化或变化不足以影响薪酬预算的执行，但薪酬预算执行出现了偏差。此时的调整则应关注于改进管理方法。例如，企业经营计划完全按计划开展并实施，但企业在第二季度发现培训费用超过了原计划安排。那么此时的处理措施往往是压缩下半年的培训费用，调整培训方式或者直接减少培训频次，以确保培训费用按预算完成。

第 10 章 建立和维护员工薪酬台账

10.1 员工年度薪酬总账

10.1.1 财务报表中的薪酬项目

薪酬是企业支出的成本，在财务科目上属于公司管理费用，在财务报表中有所体现，如表 10-1 所示。

表 10-1 财务决算表 - 基本情况表（部分）

项目	行次	金额
三、工资及福利情况：	27	
（一）全年应发工资总额	28	
（二）全年实际发放工资总额	29	
其中：全年实际发放职工工资总额	30	
其中：全年实际发放在岗职工工资总额	31	
（三）企业提取的工资总额	32	
（四）本年支付的离退休人员养老金及福利性补助	33	
（五）本年支付的职工福利费	34	
（六）本年支付的医药费	35	
其中：离退休人员医药费	36	
（七）本年企业支付的职工住房费用	37	
其中：本年按月发放的住房补贴	38	

建立员工薪酬总账不仅为财务核算提供依据，也是企业管理的基础工作之一。

10.1.2　员工年度薪酬总额

员工年度薪酬总额统计范围为所有在企业领取薪酬的员工。

台账包括四个部分：基本信息、应发、应扣、实发，如表 10-2 所示。

基本信息包括员工的姓名、所在部门、岗位名称等。

应发薪酬福利包括应发薪酬和应发福利两部分，是员工全年的薪酬总收入。其中：应发薪酬就是我们平时所说的年薪部分；应发福利是全年员工福利总额。

应扣薪酬包括其他扣款、五险一金和个人所得税。五险一金反映员工个人缴纳部分薪酬水平；个人所得税是根据税法由企业代扣代缴的应由员工承担的个税部分；其它扣款包括员工应发工资以外的其他扣款，如工会费用、公司处罚扣款等。

需要说明的是，有些企业将由公司缴纳的五险一金部分列在薪酬台账中。员工应发薪酬福利与由公司缴纳的五险一金之和，即为公司实际为员工付出的薪酬福利总额。

表 10-2　员工 2018 年度薪酬台账

| 序号 | 部门 | 姓名 | 岗位 | 应发薪酬福利 | | | | | | | | | 其它扣款 | 应扣费用 | | | | 实发薪酬 |
| | | | | 工资 | | | | 福利 | | | | | | 五险一金 | | 个人所得税 | 应扣合计 | |
				月工资年合计	年度绩效工资	奖金	工资全年小计	午餐补贴	交通补贴	电话补贴	福利小计	应发合计		五险	公积金			
1		王洪涛	总经理	371 820	200 000	200 000	771 820	8 640	4 320	6 000	18 960	790 780		19 454	19 418	164 922	203 794	586 986
2		杨晓明	副总经理	309 240	150 000	100 000	559 240	8 640	4 320	4 800	17 760	577 000		19 454	19 418	110 967	149 839	427 161
3		杜世军	总经理助理	251 088	120 000	70 000	441 088	8 160	4 080	42 000	16 440	457 528		19 454	19 418	79 951	118 823	338 705
4	办公室	王勇	办公室主任	184 212	80 000	50 000	314 212	8 640	4 320	3 600	16 560	330 772		19 454	19 418	49 410	88 282	242 490
5	办公室	赵丽丽	办公室副主任	135 660	60 000	40 000	235 660	8 640	4 320	3 000	15 960	251 620		18 230	18 194	27 424	63 848	187 772
6	办公室	刘雪	行政助理	78 244	18 000	10 000	106 244	8 640	4 320		12 960	119 204		10 981	10 944	4 163	26 088	93 116
7	办公室	王海滨	司机	51 049	10 000	8 000	69 049	6 720	3 360		10 080	79 129		6 638	6 602	3 495	16 735	62 394
8	办公室	李贾	保安	51 907	8 000	5 000	64 907	8 640	4 320		12 960	77 867		8 223	8 187	2 539	18 949	58 918
9	财务部	赵江	财务部经理	209 292	85 000	50 000	344 292	8 640	4 320	3 600	16 560	360 852		19 454	19 418	56 930	95 802	26 505
10	财务部	李红芹	成本会计	99 948	48 000	20 000	167 948	8 640	4 320	2 400	15 360	183 308		13 873	13 837	16 345	44 055	139 253
11	财务部	赵元吉	资金会计	72 396	46 000	20 000	138 396	8 160	4 080	1 200	13 440	151 836		10 026	9 990	13 509	33 525	118 311
12	财务部	洪贾	出纳	51 380	12 000	10 000	73 380	8 640	4 320		12 960	86 340		7 757	7 721	866	16 344	69 996
13	人力资源部	栾言	人力资源部经理	206 172	80 000	50 000	336 172	8 160	4 080	3 600	15 840	352 012		19 454	19 418	53 729	92 601	259 411
14	人力资源部	郝松	人事主管	97 068	42 000	30 000	169 068	8 640	4 320	2 400	15 360	184 428		13 527	13 491	16 926	43 944	140 484
15	人力资源部	李芙元	人事专员	49 800	15 000	15 000	79 800	8 640	4 320		12 960	92 760		7 567	7 531	3 065	18 163	74 597
16	工程部	王元	工程部经理	236 172	91 000	50 000	377 172	7 680	3 840	3 600	15 120	392 292		19 454	19 418	62 862	101 734	290 558
17	工程部	王建	工程师	106 788	54 000	35 000	195 788	8 640	4 320	2 400	15 360	211 148		14 694	14 658	21 065	50 417	160 731
18	工程部	来武	工程师	102 228	58 000	35 000	195 228	7 200	3 600	2 400	13 200	208 428		12 851	12 815	20 577	46 343	162 185
19	工程部	刘天天	工程部内勤	45 475	12 000	10 000	67 475	8 640	4 320		12 960	804 35	100	7 048	7 012	2 166	16 226	64 209
合计																		

实发薪酬是员工实际获得的净收入。

--------------------------------- 小·知·识 ---------------------------------

台账

账就是关于货币、货物出入的记录。最简单的账是流水账，是根据时间顺序，不分类别、项目，记录钱、货等出入的记录。台账原指摆放在台上供人翻阅的账簿。久而久之，这个名词就固定下来。台账实质上就是流水账。它包括时间、货币发生记载和简单的事由记录等。

10.2　建立员工薪酬台账

将公司员工年度薪酬总额中某一位员工的个人薪酬总额分解到每个发放时期，就可以形成以时间为序列的员工个人薪酬台账。

员工个人薪酬台账与员工年度薪酬总账的结构是一样的，不过员工个人薪酬台账是以时间为单位的，一般企业按月发放薪酬，而绩效工资和奖金一般在年末最后一个月发放，可以单独记录。在本例中年末绩效工资和奖金均在 12 月发放。

每年，公司应将员工个人薪酬台账（如表 10-3 所示）发放给员工本人，让员工对自己的年度收入有所了解。

表 10-3 员工个人 2018 年度薪酬台账

月份	部门	姓名	岗位	工资	年度绩效工资	奖金	午餐补贴	交通补贴	电话补贴	福利小计	应发合计	其它扣款	五险	公积金	个人所得税	应扣合计	实发薪酬
1	办公室	王勇	办公室主任	15 351			720	360	300	1 380	16 731						
2	办公室	王勇	办公室主任	15 351			720	360	300	1 380	16 731						
3	办公室	王勇	办公室主任	15 351			720	360	300	1 380	16 731						
4	办公室	王勇	办公室主任	15 351			720	360	300	1 380	16 731						
5	办公室	王勇	办公室主任	15 351			720	360	300	1 380	16 731						
6	办公室	王勇	办公室主任	15 351			720	360	300	1 380	16 731						
7	办公室	王勇	办公室主任	15 351			720	360	300	1 380	16 731						
8	办公室	王勇	办公室主任	15 351			720	360	300	1 380	16 731						
9	办公室	王勇	办公室主任	15 351			720	360	300	1 380	16 731						
10	办公室	王勇	办公室主任	15 351			720	360	300	1 380	16 731						
11	办公室	王勇	办公室主任	15 351			720	360	300	1 380	16 731						
12	办公室	王勇	办公室主任	15 351			720	360	300	1 380	16 731						
12	办公室	王勇	办公室主任		80 000	50 000					130 000						
全年合计				184 212	80 000	50 000	8 640	4 320	3 600	16 560	330 772						

注：为方便计算，本表中的五险一金金额采用固定金额，未按照实际缴费基数及变化进行调整。

10.3　建立五险一金台账

10.3.1　工资表中的五险一金

工资表中员工需要缴纳的社保保险和住房公积金金额是建立员工五险一金台账（如表 10-4 所示）的基础。

表 10-4　工资表中五险一金缴纳情况

序号	部门	姓名	职位	基本工资	工龄工资	司龄工资	素质津贴	应发工资	保险基数	基本养老保险	基本医疗保险	失业保险	住房公积金基数	住房公积金	其它扣款	税前应发	个人所得税	实发数
1		王洪涛	总经理	3 575.00	340.00	650.00	600.00	32 745.00	13 485.00	-1 078.80	-269.70	-272.70	13 485.00	-1 618.20		29 505.60	-3 491.12	26 014.48
2		杨晓明	副总经理	2 860.00	270.00	550.00	800.00	27 260.00	13 485.00	-1 078.80	-269.70	-272.70	13 485.00	-1 618.20		24 020.60	-2 394.12	21 626.48
3		杜世军	总经理助理	2 574.00	310.00	850.00	100.00	21 920.83	13 485.00	-1 078.80	-269.70	-272.70	13 485.00	-1 618.20		18 681.43	-1 326.29	17 355.14
4	办公室	王勇	办公室主任	2 431.00	280.00	450.00	400.00	16 741.00	13 485.00	-1 078.80	-269.70	-272.70	13 485.00	-1 618.20		13 501.60	-790.16	12 711.44
5	办公室	赵丽丽	办公室副主任	2 145.00	270.00	300.00	400.00	12 645.00	12 645.00	-1 011.60	-252.90	-255.90	12 645.00	-1 517.40		9 607.20	-400.72	9 206.48
6	办公室	刘雪	行政助理	1 430.00	100.00	500.00	200.00	7 672.07	7 672.07	-613.77	-153.44	-156.44	7 672.07	-920.65		5 827.77	-69.83	5 757.94
7	办公室	王海滨	司机	1 430.00	140.00	700.00	-	4 584.71	4 584.71	-366.78	-91.69	-94.69	4 584.71	-550.17		3 481.38	-	3 481.38
8	办公室	李贺	保安	1 430.00	140.00	450.00	-	5 758.62	5 758.62	-460.69	-115.17	-118.17	5 758.62	-691.03		4 373.56	-	4 373.56
9	财务部	赵江	财务部经理	2 431.00	220.00	300.00	800.00	18 831.00	13 485.00	-1 078.80	-269.70	-272.70	13 485.00	-1 618.20		15 591.60	-999.16	14 592.44
10	财务部	李红芹	成本会计	1 859.00	180.00	400.00	600.00	9 619.00	9 619.00	-769.52	-192.38	-195.38	9 619.00	-1 154.28		7 307.44	-114.22	7 193.22
11	财务部	赵元吉	资金会计	1 573.00	120.00	500.00	400.00	6 947.23	6 947.23	-555.78	-138.94	-141.94	6 947.23	-833.67		5 276.90	-53.31	5 223.59
12	财务部	洪贺	出纳	1 430.00	100.00	100.00	300.00	5 425.86	5 425.86	-434.07	-108.52	-111.52	5 425.86	-651.10		4 120.65		4 120.65
13	人力资源部	蒙言	人力资源部经理	2 431.00	260.00	450.00	400.00	18 228.08	13 485.00	-1 078.80	-269.70	-272.70	13 485.00	-1 618.20		14 988.68	-938.87	14 049.81
14	人力资源部	郝松	人事主管	1 859.00	140.00	250.00	600.00	9 429.00	9 429.00	-754.32	-188.58	-191.58	9 429.00	-1 131.48		7 163.04	-109.89	7 053.15
15	人力资源部	李笑元	人事专员	1 430.00	80.00	400.00	400.00	5 290.00	5 290.00	-423.20	-105.80	-108.80	5 290.00	-634.80		4 017.40	-	4 017.40
16	工程部	王元	工程部经理	2 431.00	260.00	550.00	600.00	20 298.38	13 485.00	-1 078.80	-269.70	-272.70	13 485.00	-1 618.20		17 058.98	-1 001.80	16 057.18
17	工程部	王建	工程师	1 859.00	200.00	650.00	600.00	10 189.00	10 189.00	-815.12	-203.78	-206.78	10 189.00	-1 222.68		7 740.64	-127.22	7 613.42
18	工程部	米武	工程师	1 859.00	120.00	600.00	400.00	8 950.86	8 950.86	-716.07	-179.02	-182.02	8 950.86	-1 074.10	-100.00	6 699.65	-95.99	6 603.66
19	工程部	刘天天	工程部内勤	1 430.00	70.00	150.00	320.00	4 880.00	4 880.00	-390.40	-97.60	-100.60	4 880.00	-585.60		3 705.80	-	3 705.80
…		…	…	…	…	…	…	…	…	…	…	…	…	…	…	…	…	…
合计																		

10.3.2　五险一金在财务报表中的体现

企业财务报表的人工成本情况表（如表 10-5 所示）中，各项保险及住房公积金费用数均可以清晰地展示出来。

表 10-5　财务决算表 - 人工成本情况表（部分）

项目	行次	本年数		上年数	
		提取数	实发数	提取数	实发数
三、职工人工成本总额	4				
（一）工资总额	5				
（二）社会保险费用	6				
其中：养老保险	7				
其中：年金（补充养老保险）	8				
医疗保险	9				
其中：补充医疗保险	10				
失业保险	11				
工伤保险	12				
生育保险	13				
（三）商业保险费用	14				
（四）福利费用	15				
（五）教育培训经费	16				
（六）工会经费	17				
（七）劳动保护费用	18				
（八）住房公积金	19				
（九）一次性支付的住房补贴	20				
（十）技术奖酬金及业余设计奖	21				
（十一）非货币性福利	22				
（十二）辞退福利	23				
其中：一次性支付补偿	24				
内部退休人员支出	25				
（十三）股份支付	26				
（十四）其他人工成本	27				

10.3.3　社保和住房公积金台账管理

工资表中所体现出的数据是个人缴纳的社保和住房公积金部分；财务报表中所体现出的数据是企业缴纳的人工成本部分，财务报表中的数据来自于公司向社保中心和住房公积金管理中心的收款凭证，其付款依据即每月公司上报的社保清单和住房公积金清册，这些基础的表单就是五险一金台账的基础。

表10-6所示为员工个人五险一金台账，将每一位员工五险一金台账进行年度汇总，并以员工序列为基础，即可参照员工年度薪酬总账，作出员工五险一金总账。

表 10-6　员工社会保险和住房公积金台账

姓名	月	社保基数(上年月平均工资)	基本养老保险		基本医疗保险		失业保险		工伤保险	生育保险	缴费基数	住房公积金	
			单位缴纳19%	个人缴纳8%	单位缴纳9%+1%	个人缴纳2%+3元	单位缴纳1%	个人纳0.2%	单位缴纳0.3%	单位缴纳0.8%		单位缴纳12%	个人缴纳12%
张三	1	7 000	1 330	560	700	143	70	14	56	21	7 000	840	840
	2	7 000	1 330	560	700	143	70	14	56	21	7 000	840	840
	3	7 000	1 330	560	700	143	70	14	56	21	7 000	840	840
	4	7 000	1 330	560	700	143	70	14	56	21	7 000	840	840
	5	7 000	1 330	560	700	143	70	14	56	21	7 000	840	840
	6	7 000	1 330	560	700	143	70	14	56	21	7 000	840	840
	7	7 500	1 425	600	750	153	75	15	22.5	60	7 500	900	900
	8	7 500	1 425	600	750	153	75	15	22.5	60	7 500	900	900
	9	7 500	1 425	600	750	153	75	15	22.5	60	7 500	900	900
	10	7 500	1 425	600	750	153	75	15	22.5	60	7 500	900	900
	11	7 500	1 425	600	750	153	75	15	22.5	60	7 500	900	900
	12	7 500	1 425	600	750	153	75	15	22.5	60	7 500	900	900
	合计		16 530	6 960	8 700	1 776	870	174	471	486	87 000	10 440	10 440
	单位缴纳社会保险合计	27 057				个人缴纳社会保险合计		8 910					

第 11 章　自有福利和年度福利计划

11.1　自有福利的界定和类型

11.1.1　法定福利和自有福利

福利包括法定福利和自有福利。法定福利强调福利的保障作用，自有福利则突出激励作用。自有福利标准、覆盖范围、发放方式完全由企业掌握。如补充养老保险、补充医疗保险、交通补贴、免费住房、工作午餐等。福利分类如图 11-1 所示。

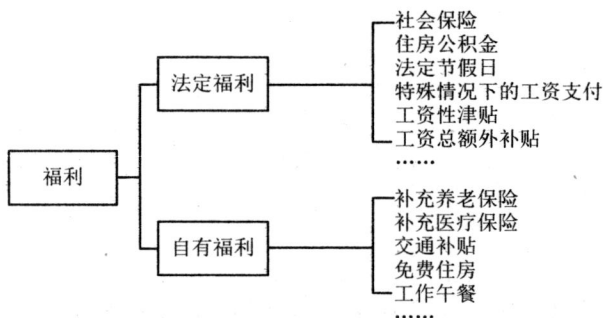

图 11-1　福利分类

11.1.2　自有福利的激励效果

既然国家已经规定了企业应有的基本福利，为什么管理者还要凭空增加一块自有福利呢？这是因为自有福利在激励中的作用不同。

首先，福利是薪酬的重要组成部分，是对工资、奖金等激励形式的补充。员工的工资、奖金通过劳动合同、考核指标及奖励办法等形式固定下来。员工完成工作即应当享受报酬。福利分配的主动权在管理者手中。什么样的员工可以享受福利、享受什么样的福利及标准完全由企业自主决定。这些薪酬以外的"意外"收获，可以提高员工满足感，增强激励作用的。

其次，有些福利也可以提高企业形象。随着生活水平的提高，人们对生活质量的需求越来越高。在薪酬水平趋同的情况下，通过较好的福利政策，企业能够提高自身的企业形象，达到吸纳和留住员工的目标。例如，谷歌就通过打造良好的办公环境，树立起了人性化、自由、宽松的企业形象。

第三，福利也有助于塑造企业文化。企业文化的塑造有其物质层的内涵。员工福利是落实企业文化物质内涵的载体。强调团队协作的企业会加强团队活动的频次；强调员工健康发展的企业会增加员工体检、保健等费用的支出。这些行为都与企业文化相适应，使员工切实感受到了企业文化的存在。

最后，从人力成本管控角度来看，自有福利便于企业对人工成本调控。

福利与工资、奖金都是企业货币的付出。其中：工资和奖金部分是显性的，能够直接让员工感受到，并由企业与员工明确约定。福利的主动权则完全掌握在企业的手中。有些福利也被员工视为收入的一部分，如午餐补助、交通补助。企业通过这些福利项目的调整同样可以达到控制人工成本总额，减少企业货币付出的目的。

11.1.3　人力资源部对自有福利的职责行使

人力资源部在企业自有福利管理中的职责包括四个方面：建体系、拟计划、审支出、拟台账。

（1）建体系就是建立福利制度，形成多种福利，激励效果突出的企业自有福利体系。

（2）拟计划就是制定福利计划，以保证福利可控，提高激励性。

（3）记录、审核各项福利项目和支出，监督福利计划的实施。

（4）建立并做好台账的维护。

11.2 建立福利管理体系

11.2.1 福利体系全貌

建立福利体系是对员工福利的事先规划。福利体系的建设要结合福利项目和支出总额。企业福利分类如表 11-1 所示。

表 11-1 企业福利分类

福利类别	福利项目	激励作用	内容	
			岗位 / 级别	标准
法定福利	社保保险	保障	全体员工	略
	住房公积金	保障	全体员工	略
	法定节假日	保障	全体员工	略
	高温补贴	保障	一线员工	略
	……	保障		
自有福利	企业年金	保障	全体员工	略
	补充医疗保险	保障	全体员工	全体员工享受普通医疗保险、意外伤害保险、住院医疗保险。核心人才增加特种疾病保险。 其中：意外伤害保险核心人才保额 40 万元；其他员工保额 20 万元
	公司用车	激励	核心人才	总经理：奥迪 A8、专职司机； 副总经理、总工程师：奥迪 A6（2.0 排量以下）； 其他人员：帕萨特（1.8 排量）
	住房补贴	激励	核心人才	总经理：三室一厅（180 平米以下）或租金 7 000 元 / 月。 副总经理：三室一厅（140 平米以下）或租金 5 000 元 其他人员：二室一厅（110 平米以下）或租金 3 000 元
	午餐补贴	补贴	全体	高级管理人员、总工程师：80 元 / 天； 中层干部：60 元 / 天 基层主管：50 元 / 天 其他员工：40 元 / 天
	境外休假	激励	年度考核A 级员工	公司统一组织，标准 10 000-15 000 元 / 人，未参加人员发放 5 000 元现金
	……			

11.2.2　福利体系建设四要素

建设福利体系应该搞清四件事：福利有哪些，每项福利的作用是什么、标准是什么和谁可以享有这项福利。

福利的标准要考虑企业可承受人工成本水平，例如上例中境外休假的标准即是根据企业当年实际的效益设计的一个范围，而不是一个实际的标准。当企业效益好时，标准相应提高，企业效益不好时，标准相应下降。

企业自有福利即要确保激励的效果，也要体现企业文化特色。例如上例午餐补贴是较为常见的补贴标准。大部分企业员工午餐补贴标准是一致的。这家企业却为不同级别员工设立了不同的补贴标准，这说明该企业文化中强调等级的观念。

福利的发放形式也是值得研究的问题。在上例中的企业，仅提供了公务用车，而不像住房补贴一样将相应的补贴发给员工。一方面是因为购置车辆成本较高，有些车辆是提前根据组织机构设置和人员编制就已经购置的，不使用就会造成浪费；另一方面，企业统一采购指定车辆，可以避免员工自己采购导致的员工们开着五花八门的汽上来上班，给人以杂乱的感觉。相反，在住房补贴方面，企业一方面会为尚无住房的人员安排住宿场所；另一方面也会将住房费用发给已有住房而不需要企业提供住宿服务的人员。

11.2.3　福利项目的选择

将福利项目按作用分为补贴型和激励型。补贴型是对工资、绩效等项目的补贴。例如补充医疗保险是无法通过薪酬直接体现出来的。激励型则是对薪酬激励效果的完善，增加激励类型，提高激励的针对性。

福利项目并不是越多越好，关键是要满足员工的需要。福利项目的设立需要参照两个因素：市场上较为常见的福利形式和福利项目的设立效果。

根据众多机构的薪酬福利调查报告，企业中最常使用的自有福利项目包括补充医疗保险、交通补贴、住房补贴、午餐补贴。这些福利项目也是企业在设计福利项目时应该优先考虑的内容。

除了企业最常使用的福利项目，各企业都会开发一些具有自己特色的激励方式。例如境外休假，就是专门针对年度考核优秀员工的福利。钱虽不多，但通过这项福利可以强化员工的优秀意识，扩大年度优秀员工的激励效果。

11.2.4　福利总额控制

建设福利体系，首先要关注福利的总额是多少。总额较少的情况下，设置过多的福利项目或设计过高的福利标准都是不适宜的。有多少钱，办多少事。在福利项目中有些项目是不适宜频繁调整，特别是降低标准。例如像午餐补贴这样的福利，一旦确定了标准，再降下来就会引起员工的不满。有些项目则可以灵活掌握，例如企业为员工办理的补充养老保险、企业组织的旅游、员工体检、节日发放的礼品等，其标准都可以随企业的效益变化而调整。

对福利总额的调控过程（如图 11-2 所示）应按照以下程序：

（1）将企业现有福利分为不可调减项目和可调整项目。

（2）核算上年挂钩指标变化情况。例如企业以利润总额为挂钩指标，则要对比上年末利润总额比前年利润总额的变化情况。一般来说，利润总额增长的，要考虑是否需要在当年增加福利项目，或提高部分福利的标准。利润总额持平或下降的，则要考虑是否维持上年福利项目或调减部分福利的标准。

管理者是否调增、改变标准一般根据管理者的管理风格确定，原则上调增的比率不应高于挂钩指标的增长比率；调减的比率不应低于挂钩指标的下降比率。

（3）考虑是否调整可调整福利项目的标准。

（4）考虑是否调整不可调减福利项目的标准。

第（3）点和第（4）点的顺序非常重要，如果企业要调整福利项目或标准，首先要考虑的是激励型福利。

（5）制定调整方案。制定调整方案，检验调整后按满编计算，自有福利总水平是否控制在薪酬总额的 20%～40% 之间。如超过 40% 则应相应下调标准。

（6）调整方案报领导审批。在以上的调整程序中，自有福利占薪酬总额的比例控制在 20%～40% 间是一个经验数据，是人力资源控制福利整体标准较为合理的范围。

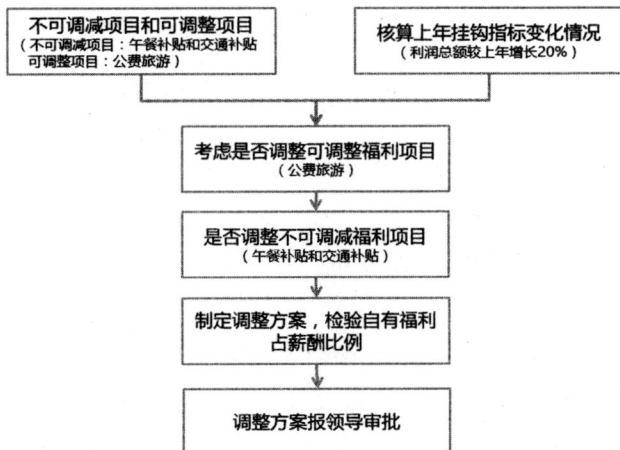

图 11-2　福利总额控制流程

11.3 制定年度福利计划

11.3.1 制定年度福利计划流程

与年度薪酬预算制定程序不同，年度福利计划的制定是由人力资源部全程控制的。年度福利计划的制定要结合年度薪酬预算、可使用福利额度，在确保法定福利和固定福利的前提下，进行总额控制，决定增加或减少福利项目，以及增加或减少福利项目额度。年度福利计划制定流程如图 11-3 所示。

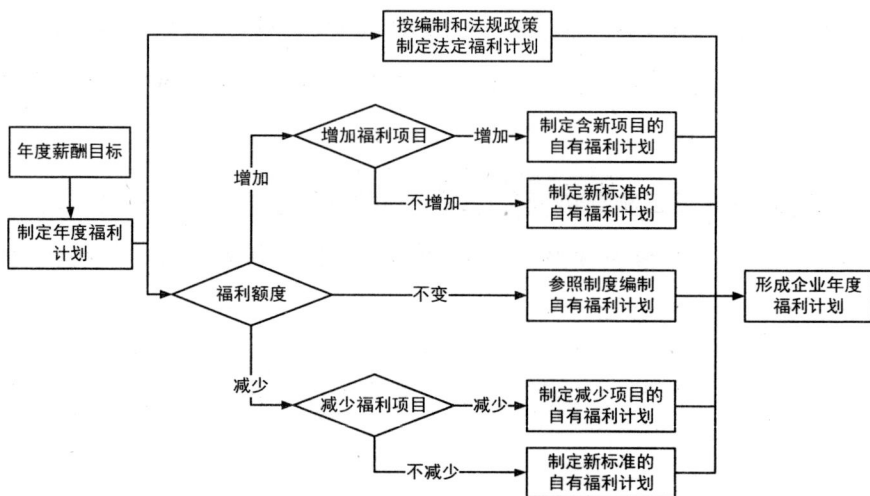

图 11-3 制定年度福利计划流程

11.3.2 福利计划编制过程实例

制定年度福利计划，应以满编人数为基准，以部门为单位，制定计划。其中：编制人数是部门应有的人数，即满编人数；现有的人员，应按照全年计算，对缺编岗位，应按照预计到岗时间按月计算。以人力资源部福利计划中的交通补贴为例。干部经理应有 1 人，实有 0 人，说明该岗位缺编。预计该岗位 7 月份可以到岗，则其交通补贴需按到岗时的 7 月份开始计算为半年标准 4 200 元。具体交通补贴情况如表 11-2 所示。

表 11-2　某企业人力资源部年度福利计划 - 交通补贴

部门名称	岗位名称	编制人数	交通补贴金额	实有人数	领取补贴月数	实际交通补贴金额
人力资源部	人力资源部经理	1	12 000 元 / 年	1	12 月	12 000 元 / 年
	薪酬经理	1	8 400 元 / 年	1	12 月	8 400 元 / 年
	干部经理	1	8 400 元 / 年	0	6 月	4 200 元 / 年
	培训经理	1	8 400 元 / 年	2	12 月 ×2 人	8 400 元 / 年 ×2 人 =16 800
	人事专员	5	4 800 元 / 年 ×5 人 =24 000 元 / 年	3	12 月 ×3 人 9 月 ×1 人 6 月 ×1 人	4 800 元 / 年 ×3 人 =14 400 元 / 年 3 200 元 / 年 2 400 元 / 年
	年度计划合计					61 400 元 / 年

同理，所有福利项目计划编制完成后，即可汇总出企业年度福利计划，如表 11-3 所示。

表 11-3　某企业年度福利计划

项目	交通补贴金额（元）	午餐补贴金额（元）	商业保险（元）	公费旅游（元）	小计（元）
企业领导	-	36 000	50 000	300 000	386 000
办公室	77 800	72 000	2 900		152 700
人力资源部	61 400	58 000	2 500		121 900
财务部	72 500	69 000	2 700		144 200
审计部	41 000	38 000	1 800		80 800
研发部	55 000	43 000	2 200		100 200
生产部	120 000	88 000	4 100		212 100
销售部	108 000	82 000	5 000		195 000
客服中心	35 000	28 000	1 500		64 500
合计					1 457 400

11.3.3　福利计划编制关键点

在制定年度福利计划时，有些因素是需要提前掌握的。

（1）企业计划年度的人员编制情况。企业应该有多少名员工。在计划年度中，经常会出现员工间岗位调整的情况，但福利计划的编制是依据岗位满编情况的，所以即使员工出现了调整的情况，因为岗位和编制还在，对计划没有大的影响。

（2）事先了解各类员工的福利标准。比如人力资源部经理、薪酬经理、人事专员的标准是不一样的。在编制福利计划时，就需要按岗位的不同，一项一项的核算。

（3）提前掌握下一年度人员的招聘计划。满编是一种理想状态。很多企业员工未达到满编的状态，这一方面是从人工成本角度考虑，另一方面企业招聘人员也是有进度、按顺序开展的。掌握了年度的招聘计划，才能确保福利计划更加准确。

（4）对超编人员的处理。有企业存在员工超编的情况。在以上的案例中，培训经理编制只有 1 人，但实际部门内却有两位培训经理。我们将超编人数直接纳入了福利计划中。这样做的好处是可以确保计划是高于实际的，不会出现福利发放超过预算的情况。但有些企业的管理者对超编是非常重视的，管理者会要求部门压缩人员，并要求福利计划按满编人数制定。也就是说，因为编制上只有一位培训经理，所以部门福利计划只能有一位培训经理的额度。超过额度，部门就面临着人工成本超支的风险。

11.4 审核福利费用支出

日常福利费用有四种形式：发放现金，发放实物或购物卡，以发票报销，与其他工作一起开展。

11.4.1 发放现金

发放现金的形式简单直接。大部分企业会将福利费用直接在工资表上体现出来，如表 11-4 所示。

表 11-4 某企业员工月工资表

时间：　　年　月　日　　　　　　　　　　　　　　　单位：元

序号	姓名	岗位	应发工资			其他			其他应扣							五险一金	个税缴费	实发金额
			基本工资	加班工资	小计	节日补贴	通信费	小计	缺勤扣款		病假扣款	迟到扣款	小计					
									天数	扣款								
合 计																		

　　这样做的好处就是员工可以一目了然地了解到自己领取了什么福利，标准是多少。但将福利费用纳入到工资表中，需要在核算工资时，将其作为个税扣减的基数，也就是要让员工多交税，所以有些企业采取了直接发放现金的形式，统一做一张福利费的表，每位员工自己到财务部门领取。表 11-5 所示为某企业的交通费发放表。

表 11-5 某企业交通费发放表

时间：　　　　年　　月

编号	姓名	岗位	交通费标准	实际发放金额	领取人签字

11.4.2 发放实物

　　福利的现金发放形式是简单有效的，然而很多企业仍然会采用发放实物或购物卡的形式兑现福利。从激励的角度，春节给员工发放 1 000 元钱和给员工买上 1 000 元大包小裹地抱回家的年货的感觉是不一样的。有些企业也会直接给员工发实物。

发放实物流程要复杂许多，这要求要有专人提前了解市场信息，询价，购买实物，然后发放给大家。与领取现金不同，实物在领取时，常常是以部门为单位领取。表11-6所示为某企业年货发放表。

表 11-6　某企业年货发放表

时间：　　　年　　月

编号	部门	总人数	姓名	对联	玩具	猕猴桃	羊肉	红酒	领取人签字
1	人力资源部	4	甲	1幅	1个	1盒	5斤	2瓶	丙代领
2			乙	1幅	1个	1盒	5斤	2瓶	丙代领
3			丙	1幅	1个	1盒	5斤	2瓶	丙
4			丁	1幅	1个	1盒	5斤	2瓶	丙代领
…	…	…	…	…	…	…	…	…	…

11.4.3　以发票报销

有些福利采用以发票实报实销的方式。福利费标准是一个最高标准，员工当月福利费规定的项目实际发生了，未达到标准的，按照实际报销；超过标准的，按照最高标准报销，超出部分由员工个人承担。图11-4所示为某企业福利费用报销流程。

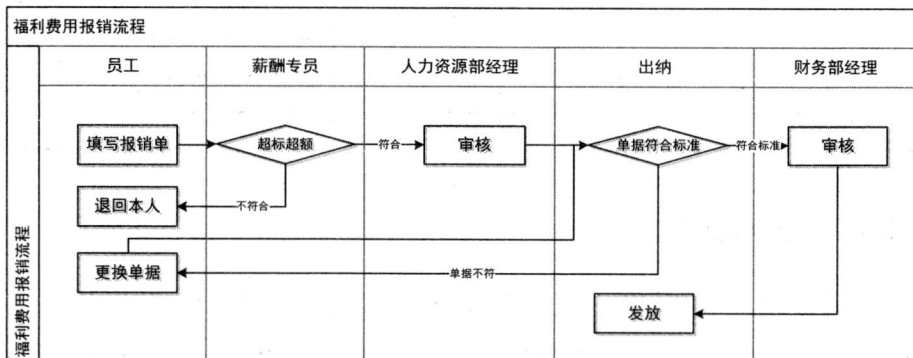

图 11-4　福利费用报销流程

薪酬专员重点审核员工报销的标准是否超过制度规定的标准，或员工报销的累计额度是否规定的可报销额度。因为报销过程中员工往往不是一次性把所有的费用报销完，所以这一步是非常重要的。薪酬专员在审核完这一数据后，应及时在员工福利台账中进行登记。

出纳重点审核员工报销的票据是否符合规定。例如发票真伪、填写是否规范、票据计算是否有误等。

人力资源部经理和财务部经理实际上起到的是复核和监督的作用。

11.4.4　与其他工作一起开展

有些福利是与其他工作一并开展的。这为计算福利费标准及统计工作都增加了难度。例如，某企业组织员工去泰国旅游，其中有位员工恰好去泰国出差，便直接在泰国参加了活动，且在活动期间还出席了一个会议。那么员工往返泰国的机票，以及活动期间的食宿费用是应该纳入差旅费还是福利费就是一个难题。需要人力资源部、财务部与相关人员协商确定。

小 知 识

福利费用的个人所得税

根据《个人所得税法实施条例》第八条第一款的规定，工资薪金所得，是指个人因任职或受雇而取得的工资、薪金、奖金、年终加薪、劳动分红、津贴、补贴以及与任职或受雇有关的其他所得。

正常情况下，工资薪金所得里面的部分都是要缴税的，包括我们上述所说的津贴和补贴。补助不属于工资薪金所得，所以大部分的补助不需要缴纳个人所得税。补助更多的是指因职工生活困难而支付的补助费，如丧葬补助金、抚恤金、独生子女补助费、出差伙食补助费、误餐补助、职工生活困难补助费等。

11.5 建立和维护福利台账

福利台账是福利管理的数据库。建立和维护福利台账是福利管理最基础的工作。

11.5.1 福利台账全貌

福利台账大多是总分类的台账，就是有一个总账和若干个单独的台账。总账和单个台账之间存在着一定的联系。

总账是各项福利实际发生情况的汇总（如表 11-7 所示），而分账则是一个简单的福利发放的流水账。一般一项福利单独设立一项分账。员工的五险一金账目则比较特殊，因为是法定福利，且缴费基数和比例每年核定一次，所以五险一金一般建在一个分账中，如表 11-8 所示。

表 11-7 某企业员工 2018 年福利总账

单位：元

序号	姓名	岗位	合计	法定福利										自有福利				
				基本养老保险		基本医疗保险		失业保险		生育保险	工伤保险	住房公积金		单位缴纳小计	个人缴纳小计	交通补贴	午餐补贴	通信补贴	…	小计
				单位缴纳	个人缴纳	单位缴纳	个人缴纳	单位缴纳	个人缴纳			单位缴纳	个人缴纳							
1																				
2																				
3																				
4																				
5																				
6																				
7																				
8																				
9																				
10																				
…																				
总计																				

表 11-8 某企业员工 2018 年五险一金缴纳情况

单位：元

序号	姓名	岗位	年/月	五险缴费基数	基本养老保险		基本医疗保险		失业保险		生育保险 0.8%	工伤保险 0.5%	住房公积金			单位缴纳小计	个人缴纳小计	备注
					单位缴纳 19%	个人缴纳 8%	单位缴纳 9%+1%	个人缴纳 2%+3元	单位缴纳 1%	个人缴纳 0.2%			缴费基数	单位缴纳 12%	个人缴纳 12%			

其他的福利一般是一项福利建立一个台账，对台账的记录则更像一个流水账，如表 11-9 和表 11-10 所示。

表 11-9　某企业员工 2018 年交通补贴发放情况表

单位：元

序号	姓名	岗位	发放标准	交通补贴（随工资发放）													备注
				1月	2月	3月	4月	5月	6月	7月	8月	9月	10月	11月	12月	全年合计	
1																	
2																	
3																	
4																	
5																	
6																	
7																	
…																	
总计																	

表 11-10　某企业员工 2016 年通信补贴发放情况表

单位：元

序号	姓名	岗位	发放标准	通信补贴（在核定标准范围内据实报销）						全年合计	剩余额度	备注
1				报销时间								
				报销金额								
2				报销时间								
				报销金额								
3				报销时间								
				报销金额								
4				报销时间								
				报销金额								
5				报销时间								
				报销金额								
6				报销时间								
				报销金额								
7				报销时间								
				报销金额								
…				报销时间								
				报销金额								
总计				报销金额								

11.5.2　福利台账的配套材料

建立和维护福利台账时，除了基本的账目外，还应该有一些配套材料：

（1）福利制度。福利制度是建立福利台账的基础。在制度尚不健全的企业，薪酬专员应该将各项福利的标准记录下来，并经由部门经理确认，在部门内部明确一个一致的标准。

（2）福利标准的调整资料。有些福利标准会不断调整，例如对五险一金缴费比例的调整，即使制度有规定，也需要每年按照地方规定重新核定基数和缴费比例。人力资源部在进行缴费基数和缴费比例调整时，应将地方有关规定以及经过审核的调整材料复印一件，并与台账一起保存。对自有福利的调整，要将企业发放的通知、会议记录、领导签字、工作笔记等做好记录。以上数据中制度和正式发放的通知的效力是一致的；会议决议也具有一定的效力；会议纪要或会议记录则是一个不完善的管理依据，但在一定情况下也可以作为内部执行的依据；领导签字是否具有效力，要看企业的管理方式，例如在民企，老板的签字是具有绝对效力的，但在国有企业一般需要集体决策，即使总经理或董事长签了字，有些关键程序没有履行，其签字也是不合规的。工作笔记则没有什么效力，但在特殊情况下，只能向管理者提供一个佐证。

（3）人员的变化情况。一般员工岗位或级别变动，福利标准也会随之发生变化，有条件的情况下，员工应将员工变动的通知或文件保存在台账中。

（4）员工领取福利的签字记录。员工领取福利的签字记录一部分在人力资源部，而一部分则在财务。公司应关注福利的发放，做好签字记录（或复印件）的保存，这也是核对福利发放情况的重要依据。

（5）特殊人员的处理情况。有些员工并不具备相应的职级，但却可以享受更高一级的福利标准。这样的情况一般都是特殊批准的人员，要么是作为特殊人才引进的，要么在薪酬谈判中给予个人一定的承诺。人力资源部要记录好这些特殊情况。

　　台账中需要记录的配套资料是非常多的。原则上凡是与福利的发生、变化有关系的，都要在台账中进行记录。这些看似无聊的工作，在当期是较好收集并保存的，所以并不被人们重视。从众多企业的经验来看，福利记录缺失造成历史问题说不清楚的情况是非常多的，所以福利台账配套记录的收集是一项基础管理工作，也是为企业福利管理所做的一项长期工作。

第 12 章　人力资源分析和月报管理

12.1　人力资源月报的内容

编制人力资源月报并进行简单的薪酬分析是薪酬管理工作的一项基本功。

12.1.1　人力资源月报概况

人力资源月报是人力资源工作月报报告的简称，其实质就是一份工作报告。人力资源月报的编制方法应该符合工作报告的一般要求。

12.1.2　人力资源月报样本

以下为某物业公司人力资源月报的样本：

××物业公司 2018 年 7 月人力资源月报

一、人力资源总体情况

（一）人员总量情况

截止 3 月 31 日，员工合计 24 人，较上月增加 1 人，增幅 4.17%；较上年同期增加 3 人，增幅 12.5%。

（二）人员结构情况

截止 3 月 31 日，员工年龄、学历、性别、工作时间情况如下：

（1）员工平均年龄 27.5 岁。具体分布如表 12-1 和图 12-1 所示。

表 12-1　员工年龄情况表

年龄区间	20 岁以下	20-24 岁	25-29 岁	30-34 岁	35-39 岁	40-44 岁	45 岁以上
人数	0	11	5	4	3	1	0
占比 %	0	45.83	20.83	16.67	12.5	4.17	0

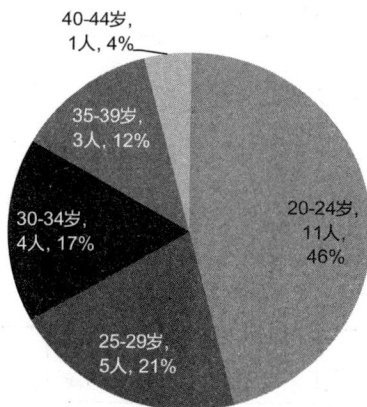

图 12-1　员工年龄情况

（2）员工学历分布情况。具体如表 12-2 和图 12-2 所示。

表 12-2　员工学历情况表

学历	中专、高中及以下	大专	本科	硕士以上
人数	7	12	5	0
占比 %	29.17	50.00	20.83	0

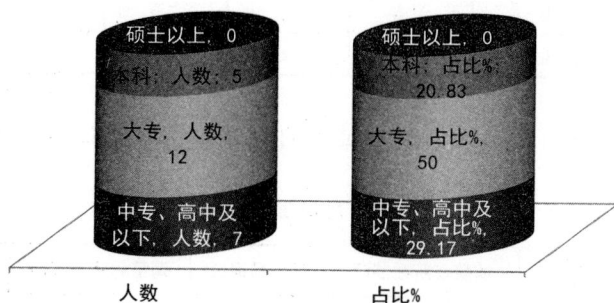

图 12-2　员工学历情况

（3）所有员工中，男、女性各12人，分别占50%。

（4）员工工作时间情况具体工作时间如表12-3所示。

表12-3　员工工作时间情况表

工作时间	2年以下	3-5年	6-9年	10-14年	15-19年	20-24年	24年以上
人数	11	2	5	4	1	1	0
占比%	45.83	8.33	20.83	16.67	4.17	4.17	0

二、本月人员异动情况

（一）本月新进3人。其中：第一管理处2人，第三管理处1人。具体如表12-4所示。

表12-4　本月增加人员情况表

序号	部门	姓名	性别	出生日期	岗位	参加工作时间	入司时间	学历	专业
1	第一管理处	蒙颖	女	1992.4	客服	2016.7	2016.7	中专	市政工程
2	第二管理处	曹军	男	1986.8	客服	2008.7	2016.7	大专	计算机
3	第二管理处	朱芹	女	1992.3	客服	2016.7	2016.7	大专	计算机

（二）本月减少2人。其中：经营部1人，第二管理处1人。具体如表12-5所示。

表12-5　本月减员情况表

序号	部门	姓名	性别	岗位	减少原因
1	经营部	王涛	男	主管	辞退
2	第二管理处	刘东	女	处长	主动离职

（三）本月共有1名员工岗位进行调整。具体如表12-6所示。

表12-6　本月员工调动情况表

序号	员工姓名	调整在所在部门	调整前岗位	调整后所在部门	调整后岗位
1	刘伟	第二管理处	客服	第二管理处	处长

三、招聘工作开展情况

6 月起，为满足用人需要，公司开展了网上招聘、校园招聘和人才市场招聘三种渠道。公司发布岗位 5 个，需要招聘人员 6 人。三种渠道共获得简历 260 份，经过初选 120 份简历进入初试阶段，简历初选淘汰率 53.85%；120 份简历全部电话通知初试，参加初试人员共 89 人，初试比率 74.17%；进入复试人员共 18 人，初试淘汰率 79.78%；通过复试 4 人，复试淘汰率 77.78%；通过复试的 4 人中，一人未来公司报道，最终公司本月新录取 3 人。具体如表 12-7 所示。

表 12-7　本月招聘工作情况表

招聘部门	招聘岗位	收到简历数量（分渠道）			收到简历数量	初选通过简历数量	参加初试人数	参加复试人数	复试通过人数	入职人数
		网络	校园	人才市场						
财务部	会计	14 份	0 份	5 份	19 份	4 份	3 人	2 人	0 人	0 人
办公室	秘书	22 份	0 份	6 份	28 份	6 份	5 人	2 人	0 人	0 人
经营部	销售代表	54 份	30 份	21 份	105 份	73 份	65 人	4 人	1 人	0 人
第一管理处	客服	21 份	23 份	7 份	51 份	17 份	6 人	4 人	1 人	1 人
第二管理处	客服（2 人）	22 份	25 份	10 份	57 份	20 份	10 人	6 人	2 人	2 人
合计	5	133 份	78 份	49 份	260 份	120 份	89 人	18 人	4 人	3 人

6 ～ 7 月的招聘工作共发生直接招聘费用 2 548 元，人均招聘成本 829.33 元。其中：网站登招聘信息 1 400 元 / 季；现场招展板、易拉宝 844 元；学校招聘会交通、餐费 304 元。

四、培训工作开展情况

本月，公司组织新进员工的企业文化培训一次，员工礼仪培训一次。具体如表 12-8 所示。

表 12-8　本月新进员工培训情况表

培训内容	课时数	培训类型	岗位	参加人次	日期	考核形式	合格率	讲师	费用
新员工企业文化培训	2	面授	第一管理处、第二管理处新入职客服	3人	7月21日	笔试	100%	人事主管	0
员工礼仪	4	面授	全体员工	20人	7月22日	无考核	-	外聘吴老师	4 000元

7月份共发生培训费用 4 000 元，人均 200 元。

五、薪酬福利发放情况

（一）工资发放情况

截至本月末，共有员工 24 人。本月 2 名离职员工仍需取酬，本月领取薪酬人数为 26 人。实际发放工资总额 125 380 元，人均工资 4 822.37 元。较上月下降 2.49%。

（二）社会保险发放情况

截至本月末，共有员工 24 人。本月 2 名离职员工仍需发放社会保险，本月领取社保保险人数 26 人。社会保险企业承担部分支出总额为 38 441.37 元，较上月提高 3.72%。

（三）自有福利发放情况

本月发放各项福利费合计 21 935 元，较上月提高 2.13%，较上年同期提高 4.41%。

其中：本月发放防暑降温费 200 元 / 人，根据福利制度规定，25 日前离职及试用期员工不享受此福利，故实际领取该项福利 21 人，合计 4 200 元。

本月员工报销通讯费合计 3 245 元，有报销资格人员共 22 人，人均 147.5

元。较上月提高 17.70%；较可报销的人均标准 150 元 / 人节约 1.67%。

本月员工满勤日为 483 人，发放餐补 14 490 元。

（四）其他人工成本项目发放情况

本月其他人工成本费用实际发生 21 548 元。

其中：6 ～ 7 月的招聘工作共发生直接招聘费用 2 548 元全部计入 7 月支出，人均招聘成本 829.33 元。

7 月份共发生培训费用 4 000 元。

本月支付经济补偿金 15 000 元。

（五）主要人工成本指标完成情况

本月工资总额 125 380 元，较上月提高 3.19%；

本月人均工资 4 822.37 元，较上月下降 2.49%；

本月人工成本总额 207 304.37 元，较上月提高 5.12%；

本月人均人工成本总额 7 973.25 元，较上月下降 4.21%；

人工成本总额占成本费用总额比重为 72.31%，较上月提高 1.02 个百分点；

六、其他需要说明的情况

由于经营部王涛在工作中存在着利用职务便利，向客户收取好处，优先给客户安排车位及会所贵宾券的行为，经与本人沟通，决定予以辞退处理。根据劳动合同法相关规定，按照王涛实际工作年限（3 年），一次性给予其 3 个月工资补偿 15 000 元整。公司与本人已签署解除劳动关系协议。

附表（该物业公司员工花名册如表 12-9 所示）：

表 12-9　员工花名册

序号	部门	姓名	性别	岗位	职称	参加工作时间	入司时间	最高学历	所学专业	出生日期
1	高管	张文	男	总经理		1999.7	2014.6	本科	外语	1978.4
2	办公室	宋勇	男	办公室主任	技术员	2008.7	2006.7	本科	工商管理	1988.11
3	办公室	梁希	男	行政主管		2015.5	2013.9	大专	经济管理	1994.5
4	办公室	李艳	男	采购		2002.7	2004.3	大专	法律	1981.8
5	办公室	陈桂	女	人事主管	助理经济师	2012.5	2013.6	大专	计算机	1990.9
6	办公室	节丽	女	储备人员		1994.9	2004.11	大专	电子	1974.11
7	财务部	余艳	女	经理	助理经济师	2010.5	2010.7	本科	财务	1982.6
8	财务部	何鹏	男	会计		2016.6	2016.6	本科	会计	1991.1
9	财务部	吴明	女	出纳		2013.5	2013.5	中专	音乐	1993.4
10	品质部	张华	男	经理	工程师	2006.5	2015.11	高中		1986.5
11	品质部	赵琳	女	客服经理		2002.7	2004.2	中专	办公自动化	1982.1
12	品质部	陈阳	男	维修主管		2014.7	2014.7	大专	园林	1994.6
13	经营部	刘涛	男	经理		2008.7	2010.70	本科	工商管理	1989.3
14	经营部	邱锦	女	销售代表		2016.6	2016.6	大专	涉外秘书	1995.1
15	第一管理处	董晶	女	处长		2015.3	2015.7	大专	物业管理	1994.5
16	第一管理处	管丹	女	客服		2015.3	2015.11	大专	文秘	1992.4
17	第一管理处	蒙颖	女	客服		2016.7	2016.7	中专	市政工程	1992.4
18	第一管理处	曹军	男	客服		2008.7	2016.7	大专	计算机	1986.8
20	第二管理处	刘伟	男	处长		2015.7	2015.7	大专	工程部	1992.11
19	第二管理处	陈阳	女	客服		2016.6	2016.6	中专	餐饮	1996.2
21	第三管理处	周鑫	男	处长	中级经济师	2006.7	2014.2	大专	经济管理	1987.12
22	第三管理处	陈波	男	客服		2007.6	2014.1	高中		1980.1
23	第三管理处	刘芳	女	客服		2014.4	2016.4	高中		1996.5
24	第三管理处	朱芹	女	客服		2016.7	2016.7	大专	计算机	1992.3

小·知·识

人力资源报告

上市公司的信息披露主要分为定期报告和临时报告。人力资源工作同样需要定期报告和临时报告。定期报告指按照固定周期进行的报告，包括年度报告、半年报告、季度报告、月度报告。临时报告指根据当期管理中发现的问题开展的专项报告，例如员工薪酬满意度调查报告、员工流失率专项分析报告等。

人力资源报告是定期的工作总结，也是对历史管理效果的梳理，对未来人力资源管理工作的开展也具有积极的引导作用。开展人力资源报告制度是做好人力资源管理工作的前提。

12.2　月报结构和内容解析

12.2.1　人力资源月报结构

1. 人力资源月报的常见形式一

将上面的人力资源月报的二级目录整理下来，即可得到以下内容：

××公司 2018 年 7 月人力资源月报

一、人力资源总体情况

（一）人员总量情况

（二）人员结构情况

二、本月人员异动情况

（一）增员情况

（二）减员情况

（三）内部调整情况

三、招聘工作开展情况

四、培训工作开展情况

五、薪酬福利发放情况

（一）工资发放情况

（二）社会保险发放情况

（三）自有福利发放情况

（四）其他人工成本项目发放情况

（五）主要人工成本指标完成情况

六、其他需要说明的情况

附件：员工花名册

这一目录涵盖了人力资源月报常用到的内容。从这份报告上来看，人力资源月报比较强调人力资源数据的分析，如有多少员工入职、离职、发放了多少薪酬、招聘培训等与人工成本有关的费用开支情况等。甚至还包括了人工成本指标分析。

以上的人力资源月报是按照由大到小、按工作职能以及先罗列数据再分析指标的情况进行编制的。由大到小是指各项数据先总体、后分类的顺序。先描述企业人力资源整体变化情况，再详细表述各部门、各类人员的具体情况；按工作职能是指月报按照人力资源规划、调配、招聘、培训、薪酬、福利等分职能予以体现，有些企业也会将绩效考核等数据在月报中体现；先列数据再分析是指月报中先将各项数据的列举清楚，再对数据进行分析。例如从人工成本数据中，我们可以得出的分析指标包括人工成本总额、人工成本占成本费用总额的比例等。

2. 人力资源月报的常见形式二

每个企业管理者对人力资源月报信息的关注点是不同的，内容也有差异。人力资源月报的编制顺序也不是固定不变的。例如有些企业会将人力资源部月度工作计划及完成情况纳入人力资源月报中，将招聘、培训等工作在人力资源月度工作中予以体现。如此的分类就是将人力资源月报分为了三个部分：人力资源数据统计、人力资源部工作总结和人力资源数据分析。

×× 公司人力资源月报模板

一、人力资源信息及分析

（一）员工总量分析

包括员工人数、薪酬总额、福利总额、其他人工成本等。

（二）员工异动情况

包括新进人员、离职或解聘人员、岗位升（降）级情况、岗位调整情况等。

（二）薪酬分析

包括不同类型人员薪酬总额、不同职级员工薪酬总额、薪酬不同部分总额及比例等。

（三）员工结构及素质分析

包括员工性别、政治面貌、文化程序、专业技能、职业（执业）资格等。

二、人力资源工作总结

包括人力资源当月工作计划或工作重点以及工作计划或工作重点完成的情况；其他人力资源主要工作完成情况等。

三、突出问题分析

主要针对当月人力资源工作或通过人力资源数据分析所反映出来的问题进行更加深入的分析，并提供一定的解决方案。

3. 人力资源月报的常见形式三

也有按照人力资源职能编制人力资源月报内容的。如：

××公司人力资源月报

一、招聘

本月到岗人数、部门分布、部门的岗位缺失程度。

二、培训

本月培训的内容、人数、部门分布；培训覆盖率、培训费用统计。

三、绩效

本月绩效较好的人员、较差的人员（可以只考虑管理人员）。

四、薪酬

本月公司人工成本总额、部门人力成本总额、环比增长率、同比增长率。

五、劳动关系

本月员工异动（升职、降职）情况、离职人员人数、部分分布。

12.2.2　人力资源月报的表现形式

人力资源月报是一项例行工作，考虑其具有按月重复的特点，人力资源月报有固定的格式，一般包括文字、表格和图示三部分内容。

1．文字

文字是报告中不可缺少的部分，是最为常用的报告形式。人力资源月报不是口头汇报材料，而是一份月度数据参考手册，所以应注重文字表述清晰、简洁。报告中要把事情说清楚。

例如，在上面案子中，人员总量描述为"截止 3 月 31 日，公司员工合计 24 人，较上月增加 1 人，增幅 4.17%；较上年同期增加 3 人，增幅 12.5%。"这样简单表述是月报的特点。从文体上则是一个标准的说明文。

2．表格

表格可以将复杂的数据简单化，让报告的阅读者快速、清晰、准确地掌握到一些核心的内容。在人力资源月报中要多使用表格。

例如，对员工学历分布情况的表述，用文字表述为：公司中专、高中及以下学历员工 7 人，占总人数的 29.17%；大专学历员工 12 人，占总人数的 50%；本科学历员工 5 人，占总人数的 20.83%；硕士以上学历0 人。

用表 12-10 所示的表格表述则更为简单清晰。

表 12-10　员工学历情况表

学历	中专、高中及以下	大专	本科	硕士以上
人数	7	12	5	0
占比 %	29.17	50.00	20.83	0

文字与表格相结合，互为补充和说明，可以让报告内容更加清晰、明了。如对招聘工作开展情况，先通过文字予以说明，再结合表格，可以让人全面、清晰地掌握全部内容。如下例：

6 月起，为满足用人需要，公司开展了网上招聘、校园招聘和人才市场招聘三种渠道。公司发布用人岗位 5 个，需要招聘人员 6 人。三种渠道共获得简历 260 份，经过初选 120 份简历进入初试阶段，简历初选淘汰率 53.85%；120 份简历全部电话通知初试，参加初试人员共 89 人，初试比率 74.17%；进入复试人员共 18 人，初试淘汰率 79.78%；通过复试 4 人，复试淘汰率 77.78%；通过复试的 4 人中，一人未来公司报道，最终公司本月新录取 3 人。具体情况如表 12-11 所示。

表 12-11　本月招聘工作情况表

招聘部门	招聘岗位	收到简历数量（分渠道）			收到简历数量合计	初选通过简历数量	参加初试人数	参加复试人数	复试通过人数	入职人数
		网络	校园	人才市场						
财务部	会计	14 份	0 份	5 份	19 份	4 份	3 人	2 人	0 人	0 人
办公室	秘书	22 份	0 份	6 份	28 份	6 份	5 人	2 人	0 人	0 人
经营部	销售代表	54 份	30 份	21 份	105 份	73 份	65 人	4 人	1 人	0 人
第一管理处	客服	21 份	23 份	7 份	51 份	17 份	6 人	4 人	1 人	1 人
第二管理处	客服（2 人）	22 份	25 份	10 份	57 份	20 份	10 人	6 人	2 人	2 人
合计	5	133 份	78 份	49 份	260 份	120 份	89 人	18 人	4 人	3 人

3．图示

图示法最大的优点是美观、形象、直接。在月报中加入图示已成为一个惯例。但对于较为复杂的问题，采用图示法则容易让人感觉到整体的混乱。

例如，在月报中，在人员结构部分就常使用如表 12-12 和图 12-3 所示的图示的方式。

表 12-12　员工年龄情况表

年龄区间	20 岁以下	20-24 岁	25-29 岁	30-34 岁	35-39 岁	40-44 岁	45 岁以上
人数	0	11	5	4	3	1	0
占比 %	0	45.83	20.83	16.67	12.5	4.17	0

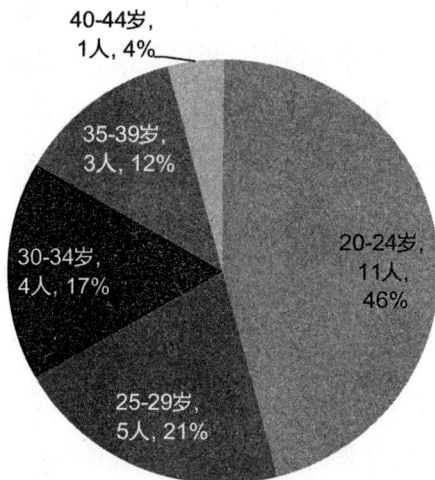

图 12-3　员工年龄情况

以上是将表格与图示结合到一起，给人以非常直观的感觉。

但对于上面提到的招聘人员的情况这样较为复杂的信息，采用图示法则会显得过于复杂，从而影响了整体的效果。

12.3 轻松编制工作月报

12.3.1 人力资源月报的编制流程

人力资源月报的编制需要人力资源部各岗位及财务部等其他部门通力合作完成。人力资源月报编制流程如图 12-4 所示。

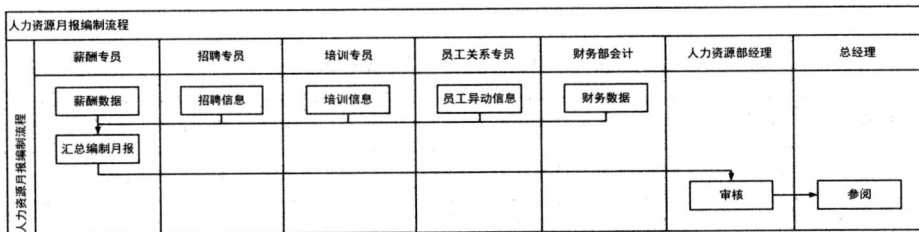

人力资源月报编制流程							
	薪酬专员	招聘专员	培训专员	员工关系专员	财务部会计	人力资源部经理	总经理
人力资源月报编制流程	薪酬数据 → 汇总编制月报	招聘信息	培训信息	员工异动信息	财务数据	审核	参阅

图 12-4　人力资源月报编制程序

通过人力资源月报编制流程图，可以知道薪酬专员在人力资源月报的编制过程中承担着主要责任。

（1）人力资源月报模板制定。薪酬专员统一月报格式，各岗位配合人力资源月报工作的完成。因为各岗位各阶段提供的数据都具有一定的重复性，所以人力资源月报的形式应该是较为稳定的。这样才便于各岗位员工掌握人力资源月报所需要的数据内容和数据类型，减小各环节工作量，提高工作效率。

（2）审核各项数据的准确性。薪酬专员在编制人力资源月报时，应对各岗位提供数据进行初步的审核。例如对招聘信息的审核，要结合企业年度招聘计划以及各月完成情况。对于招聘不符合计划，或未按照招聘计划开展工作的情况，要及时向招聘专员说明，并了解具体的原因，必要时在人力资源月报中说明。

因为人力资源月报具有连续性，月报中不仅要阐述当月的工作情况，还要与上月或上年同期的数据进行比较，所以薪酬专员通过检查各项数据与上月数据的连续性或与上年数据相比的变化情况，即可以及时发现相关人员提供数据是否存在着明显的错误。

例如，7 月份人员数量与上月相比增加 1 人，与上年相比增加 3 人。薪酬专员不仅要查看当月数据是否真实，还要核对上月及上年 7 月份数据。以证实相关人员提供数据的真实性。

（3）报告编辑工作。在人力资源月报编辑过程中，薪酬专员对报告的整体质量负责，也就是要负责报告的文字、表格和图示等内容。这些基本的操作是对薪酬专员写作和办公软件使用能力的一个挑战。

做好这项工作，需要薪酬专员注意几个环节：一是数据与上月或同期变化较大的情况；二是在收集数据中需要就相关问题与有关人员进行较为详细地沟通，确保自己写出来的内容都可以解释清楚，不留疑问；三是对特殊的情况要单独说明。

可见，编制月报并不是简单的统计汇总，还需要薪酬专员对各项工作的利害及影响有一定的判断能力。如薪酬专员对事件的影响大小缺乏敏感度或拿不准，最好提前就有关问题与人力资源部经理沟通。

（4）确保报告及时地送达相关人员手中。月报具有一定的时效性。一般在当月末或次月初就要完成。随着员工人数的增加，月报的内容也会变得复杂。这就需要薪酬专员要定期检验月报中的冗余信息，确保月报的简洁性，并确保自己按时按质完成工作。最后，再强调一下人力资源月报不同于年度工作总结或报告，其内容并不是多多益善，能够把数据展现出来，把问题反映出来就可以了。

12.3.2　人力资源月报发布形式

人力资源月报的作用与财务月报、运营月报等一样，是为管理者决策是供参考的。人力资源月报中会涉及到较多的薪酬信息和员工个人信息，所以不适宜向全员公布。一般来说，人力资源月报是呈报给企业高级管理人员、人力资源总监和部门经理，如图 12-5 所示。

有些企业也会要求人力资源月报向所有的部门经理公开，从效果来看实际作用不大。也有企业将人力资源月报作为企业信息管理的一部分，会定期在内部网站上进行公布。对于此类月报，薪酬专员在公开时应有所取舍。此类对全员公开的月报

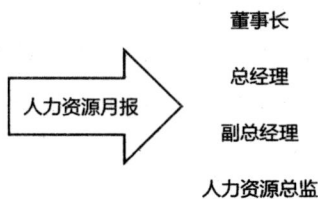

图 12-5　人力资源月报的汇报对象

着重强调人力资源方面的具体工作，而不是薪酬数据等内容。所以，要重新定义内部公开的人力资源月报的内容。例如，某即将对内公开的人力资源月报定位于以下内容。

（1）人力资源信息批露。包括人力资源决策信息、人力资源制度、国家或人力资源政策的解读、人力资源工作流程表格、人力资源管理知识等。

（2）人力资源工作开展情况。包括组织的培训、员工活动、人力资源部开展的与员工有关的工作等。

（3）人力资源案例分析。包括实际工作中发生的与人力资源有关的案例及分析。如员工工伤事件的认定与处理、员工考核谈话的过程及启示等。

（4）员工自我管理及职场知识经验。包括各类职场或从业知识性的内容。例如如何做好时间管理、办公技巧、职场礼仪等。

第13章　企业内部薪酬调查的开展

13.1　薪酬满意度调查综述

企业内部薪酬调查即员工薪酬满意度调查，就是通过问卷、访谈等形式了解员工对薪酬感受的工作过程。通过薪酬满意度调查，可以了解员工对组织的激励接受程度以及激励在企业管理中所发挥的作用。

13.1.1　薪酬满意度调查程序

做好员工薪酬满意度调查有六个步骤，如图 13-1 所示。

（1）确定调查原则和目标。开展调查工作首先要明确调查目的。实现不同目的需要采用不同的方式，调查不同的人群；在实施过程中，还要遵循不同的原则。例如，如果调查工作是要了解薪酬制度整体情况，就需要全面、系统；如果调查工作只是针对福利、奖金等单独项目的，就要聚焦、深入。

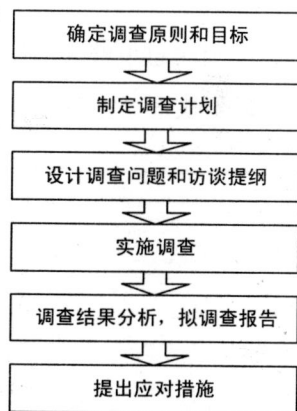

确定调查原则和目标

↓

制定调查计划

↓

设计调查问题和访谈提纲

↓

实施调查

↓

调查结果分析，拟调查报告

↓

提出应对措施

图 13-1　薪酬满意度调查程序

（2）制定调查计划。调查计划应该包括：调查任务、调查提纲、调查时间、调查范围、调查人与被调查人、调查方法、调查结果的收集与使用等。

（3）设计调查问题和访谈提纲。薪酬满意度调查通常采用问卷调查与访谈相结合的方式。管理者要根据调查目的和计划制定出针对性的调查问题和访谈提纲，确保调查有效。

（4）实施调查。调查实施过程有以下几步：召开薪酬满意度调查启动会，宣布调查启动，宣传调查目标、计划和方式，争取各级管理者和员工的支持；发放和回收调查问卷；初步分析调查问卷；开展访谈；收集整理调查资料，检验调查结果。

（5）调查结果分析，拟调查报告。对调查结果进行整理，利用工具或通过研讨等形式，结合调查目标对调查结果进行分析，形成调查报告。

（6）提出应对措施。薪酬满意度调查是为了发现管理中的问题，改进工作，所以在薪酬满意度调查结束后，应该提出具体的应对建议，供管理者进行决策参考。

13.1.2 满意度调查内容和目标

薪酬满意度影响因素包括薪酬水平、加薪机会、薪酬结构、福利因素、薪酬政策等。具体如图 13-2 所示。

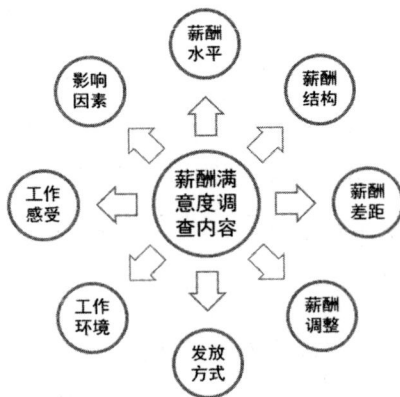

图 13-2 员工薪酬满意度调查内容

薪酬满意度调查要达到表 13-1 所示的五项目标。

表 13-1　薪酬调查目标

目标	调查内容	调查重点
了解员工对薪酬水平的竞争性感受	薪酬水平	对市场薪酬水平的认识
了解员工对薪酬公平感受	薪酬差距	对内部员工薪酬的认识
了解员工对薪酬制度的认同感	薪酬结构、影响因素	薪酬制度及执行情况
了解员工对薪酬制度执行的感受	发放方式、薪酬调整	薪酬制度及执行情况
了解员工对薪酬和激励相关内容感受	工作感受、工作环境	与薪酬和激励有关的其他因素

13.1.3　薪酬满意度调查时机

薪酬满意度调查需要员工参与，也会带给员工调资期望，这个期望一旦落空，反而打击员工士气，造成负面影响。所以，薪酬满意度调查应该掌握适当时机。

（1）固定期限薪酬满意度调查。采用市场化薪酬模式的企业需要通过定期了解市场化薪酬水平和自身薪酬水平，并进行对比，以制定未来的薪酬策略。此类企业会定期组织薪酬满意度调查工作周期与薪酬模式调整配套，一般采用年度调查的方式。也就是每年年底或年初进行一次薪酬体系的内部梳理，了解员工感受，发现问题，调整薪酬策略。

（2）企业战略转型期。企业转型期包括三种：一是企业遇到经营困难，处于经营管理的困难时期；二是企业事业发展顺利，企业规模或扩张速度超过人员增长的速度；三是企业处于战略发展的转型时期，需要新开品或新的管理模式的引入。转型期间，企业不只要调整薪酬，组织结构、业务模式都面临调整。开展薪酬满意度调查，可以为管理政策调整收集信息、提供决策依据。同样，企业在并购或扩张期也需要对薪酬制度进行梳理和自省。

（3）企业薪酬问题突出。当薪酬问题成为员工们反映的重点问题时，常常是因为薪酬问题突出所致。例如员工工作效率下降明显、新老员工同岗不同薪且差距较大、薪酬成本无法控制等问题，都需要开展薪酬调查工作，了解员工的真正诉求及影响员工工作的主要原因。

（4）新的管理者到任后，也常常会发起薪酬满意度调查工作。

---------------- 小 知 识 ----------------

员工满意度调查

员工满意度是员工接受企业实际感受与期望值比较的程度。用一个量化的指标把员工满意状况反映出来，这个量化的指标就是员工满意度指数。

员工满意度指数可以按照四个层次进行设计。

第一层次：总目标员工满意度指数为一级指标。

第二层次：反映员工满意度指数模型的一级要素，为二级指标。

第三层次：由二级指标具体展开而得到的指标，符合不同行业、企业、管理特点，为三级指标。

第四层次：三级指标具体展开为调查员工满意度问卷上的问题，为四级指标。

开展员工满意度调查，即以四级指标为基础，通过调查问卷、访谈、观察等方法，逐渐汇总得出的员工满意度指数结果。

员工满意度指数结果为最终结果，与结果同时应形成员工满意度调查报告，全面客观地反映员工满意度调查中发现的问题，提出管理改进建议。

13.2　制定满意度调查计划

13.2.1　薪酬满意度调查原则

开展薪酬满意度调查工作，应遵循以下几项原则。

（1）审慎调查原则。薪酬是一项敏感话题，除非管理者已经有了对薪酬体系进行调整的打算，或已做好应对负面问题的准备，否则，启动薪酬满意度调查工作很容易带给员工调薪预期，从而打击员工士气。

（2）概念明确原则。薪酬满意度调查工作仅涉及到薪酬项目的调查。其中工资、奖金、福利等项目应给出明确的界定。

（3）科学分析原则。薪酬调查工作是以数据为基础，运用科学的分析工具和方法，可以从数据中发现客观问题。在薪酬调查时，应根据数据收集、分析、结果的顺序进行分析，切忌以管理者或调查人的个人经验或主观判断形成调查结论，更不能让数据为主观判断提供证据。

（4）过程保密原则。薪酬调查工作要确保调查过程保密，其中涉及到个人意见，阶段性结论应在有关人员以外保密，调查工作结束后，数据应封存或销毁。

（5）调查回应原则。在薪酬调查结束后，管理者应该就薪酬调查的结果给予一个正面的回应。即使不能按照员工的希望调整薪酬，也应该进行适当的说明，以避免调查工作带来的负面影响。

13.2.2　调查计划制定流程

是否开展薪酬满意度调查工作，应该由人力资源部根据员工所反映的问题提出要求。总经理对是否采用第三方开展薪酬调查工作进行决策。启动第三方机构开展薪酬调查，在形式上和内容上都要复杂一些。制定薪酬满意度调查计划流程具体如图 13-3 所示。

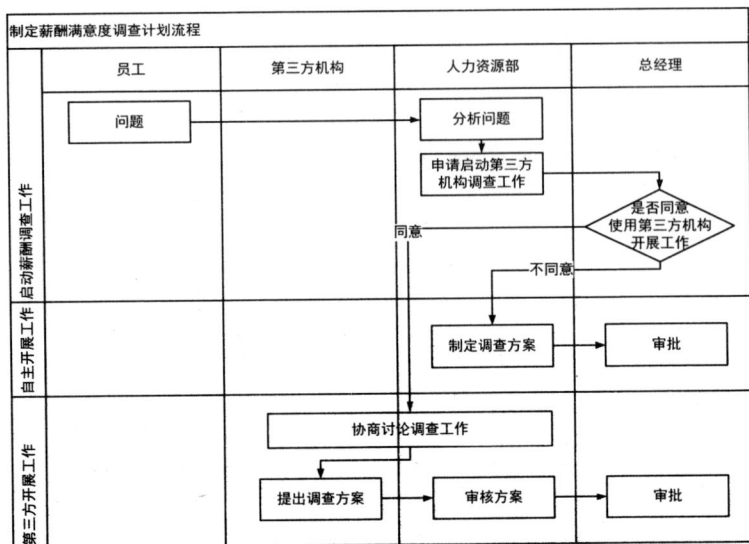

图 13-3 制定薪酬满意度调查计划流程

13.2.3 调查计划主要内容

调查计划应该包括：调查任务、调查提纲、调查时间、调查范围、调查人与被调查人、调查方法、调查结果的收集与使用等。具体如表 13-2 所示。

表 13-2 某企业员工薪酬满意度调查工作计划

调查任务	员工薪酬满意度调查		
调查时间	2018 年 11 月 1 日～11 月 15 日		
调查范围 调查方法 被调查人	问卷：全体员工 访谈：员工代表（随机抽取 20 人）、部门经理 7 人、副总经理 3 人		
调查人	××咨询公司咨询师 2 人、公司薪酬专员		
工作安排			
时间	工作内容		负责人
11 月 1 日	召开启动会		总经理
11 月 1 日	发放问卷		薪酬专员
11 月 2 日	回收问卷		薪酬专员

续上表

工作安排		
时间	工作内容	负责人
11 月 3 日～11 月 4 日	问卷初步分析，修订访谈提纲，随机选择访谈人员	咨询师
11 月 5 日～11 月 9 日	访谈	咨询师、薪酬专员
11 月 10 日～11 月 11 日	拟定调查报告	咨询师
11 月 12 日	与人力资源部沟通报告结果，修订报告	咨询师、人力资源部经理
11 月 13 日	汇报员工薪酬满意度调查报告，听取意见	咨询师、总经理、人力资源部经理
11 月 14 日～11 月 15 日	修订完善员工满意度调查报告	咨询师

注：本计划中省略了调查问卷和访谈提纲。

13.3　调查问卷和访谈问题

　　员工满意度薪酬调查的内容是通过薪酬调查问卷和访谈提纲体现出来的。

13.3.1　薪酬调查问卷设计

　　表 13-3 所示为某企业员工薪酬满意度调查问卷。

表 13-3　某企业员工薪酬满意度调查问卷

调查说明：

1. 你可以选择匿名填写此份调查表。
2. 本调查问卷的信息将严格保密，请放心做答。
3. 请你按真实想法进行作答，否则将影响调查结果。
4. 填表时间：＿＿＿年＿月＿日。

所在部门		年龄		性别		学历	
工龄		本岗位从业年限		司龄		婚姻状况	
我所处公司办公场所		□办公室　　□项目部					
我所处公司职务		□高层管理者　　□中层管理者　　□一般员工					

续上表

1. 我对自己目前的收入：□非常满意 □较满意 □不确定 □不满意 □非常不满意
2. 凭借自己的资历和业绩，我对自己获得的回报：□非常满意 □较满意 □不确定 □不满意 □非常不满意
3. 我目前的职务与我目前的收入：□非常匹配 □较匹配 □不确定 □不匹配 □非常不匹配
4. 我的收入与本地同行业类似岗位相比：□非常满意 □较满意 □不确定 □不满意 □非常不满意
5. 我对公司目前薪酬制度的评价是：□非常科学合理 □较科学合理 □不确定 □不够科学合理 □非常不科学合理
6. 我对公司的奖金分配制度：□非常认同 □较认同 □不确定 □不认同 □强烈反对
7. 我的收入各项目之间的比例：□非常满意 □较满意 □不确定 □不满意 □非常不满意
8. 我对企业提供的节日福利：□非常满意 □较满意 □不确定 □不满意 □非常不满意
9. 我对公司员工的薪酬层级差别：□非常认同 □较认同 □不确定 □不认同 □强烈反对
10. 我对目前公司薪酬制度对员工的激励性：□非常满意 □较满意 □不确定 □不满意 □非常不满意
11. 我对公司薪酬支付的准确性和及时性：□非常满意 □较满意 □不确定 □不满意 □非常不满意
12. 我对加班工资的计算方法：□非常满意 □较满意 □不确定 □不满意 □非常不满意
13. 我对公司加薪制度：□非常满意 □较满意 □不确定 □不满意 □非常不满意
14. 我对员工活动补贴：□非常满意 □较满意 □不确定 □不满意 □非常不满意
15. 我对公司给予的培训福利：□非常满意 □较满意 □不确定 □不满意 □非常不满意
16. 我认为浮动收入占总收入的比例应该是____%。
17. 我的其他观点或建议：

本案例中的调查问卷包括四部分内容：

调查说明。调查说明是写给被调查人的，包括问题如何填写，填写中需要注意的问题，以及与调查工作有关的其他说明。调查问卷一般采用匿名填写的方式效果更好。

被调查人员基本信息。采用匿名调查，同样需要了解被调查人员的基本情况，以为问卷分析做好准备。因为不同岗位、不同级别、不同条件的员工所面临的问题不同，员工基本信息分得越详细，越能够更加精准地反映问题。

主要问题。调查问卷的问题围绕了被调查者对当前薪酬水平、薪酬差距、薪酬结构、影响因素、发放方式等内容的认识。每个问题均采用了封闭式回答，按照"非常满意、较满意、不确定、不满意、非常不满意"五个维度进行评价。一般来说，问题设计的越简单，所得到的回答越清晰，容易统计。但问题设计得过于简单，会出现问题暴露出来，但原因不得而知的情况。所以，问题要结合访谈的结果进行综合分析。

开放式的问题。一般问卷都会设计开放式的问题。开放式的问题更能体现员工的个性要求和认识。但开放式的问题过多，会让调查结果过于分散，缺乏代表性。

13.3.2　访谈代表选择

问卷所反映的信息是全面的，但问题暴露得并不彻底，也不够清晰。这就像去医院看病，医生知道病人有病，但病在哪里，有多严重，医生并不了解，自然也就无法治疗。所以，在做完问卷调查后，要进行当面访谈，以了解更为全面和详细的内容。

对访谈对象的选择，一般遵循以下方法。

1．按管理层级选择

我们可以将企业层级简单地分为四级：决策层、管理层、执行层、操作层。如果用岗位进行对应，我们可以简单地理解为，决策层为董事长、总经理、副总经理；管理层包括总监、部门经理、部门副经理；执行层包括主管、专业技术人员；操作层为具体的作业类人员，如工人、保安、保洁等。四个层级中，对企业的影响力自上而下，访谈对象也要考虑这个因素，如果有可能，决策层和管理层的员工要全部访谈到；执行层和操作层的员工按比例选择访谈人员，其中，对执行层访谈比例应该高于操作层员工。

表 13-4 按层级选择访谈对象

层级	岗位（举例）	访谈对象选择方法
决策层	董事长、总经理、副总经理	全部访谈
管理层	部门经理、副经理	全部访谈
执行层	主管、会计、人事专员、文秘	按比例访谈
操作层	工人、保安、保洁	按比例访谈

2．按职能类别选择

企业按岗位职能类别，可以划分为若干岗位族，常见的划分标准为：管理、专业、技术、营销、作业等五类。对这五类岗位的访谈对象选择，应有所不同。具体如表 13-5 所示。

表 13-5 按职能类别选择访谈对象

岗位族	岗位（举例）	访谈对象选择方法
管理	董事长、总经理、副总经理、部门经理、副经理、主管	全部访谈或按高比例选择访谈对象
专业	会计、人事专员、审计、文秘	按中比例选择访谈对象
技术	工程师、技术员	
营销	营销策划、销售员	对销售核心人才采用高比例选择访谈对象；其他人才采用低给选择访谈对象
作业	工人、保安、保洁	按低比例选择访谈对象

管理类岗位，中层以上人员应该尽可能全部访谈；专业和技术类中，可以按比例选择访谈对象；作业类人员按照低比例选择访谈对象；营销类人员中，应有所区分，其中销售核心人才营销策划人员、销售类管理人员、销售状元等应采用高比例选择访谈对象，对其他销售人员因其流动性较大，应低比例选择访谈对象。

3．问题导向型选择访谈对象

员工薪酬满意度调查一般因问题而起，与问题关联度越多的员工，应该进行越多地访谈。例如，某企业员工普遍反映绩效工资，特别是提成水平较低。那么公司在开展薪酬调查时，不仅要听取员工对绩效工资的问题，还要重点听取销售人员对提成水平的意见和建议。对销售人员选择比例自然应该高一些。

13.3.3　访谈提纲设计

一份访谈提纲应该包括一般性问题和深入性问题。

一般性问题与调查内容一致，应包括薪酬水平、薪酬差距、薪酬结构、影响因素、发放方式、薪酬调整、工作感受、工作环境等方面的内容，提问可以与问卷一致。

深入性问题是对一般性问题的深入解析，是一般性问题的举证过程，是调查分析的核心内容。

访谈提纲设计时，应处理好一般性问题和深入性问题的逻辑关系。从一般性问题导入，进入深入性问题的讨论区，引导员工提供尽可能详细的意见、信息数据或案例材料。具体如图 13-4 所示。

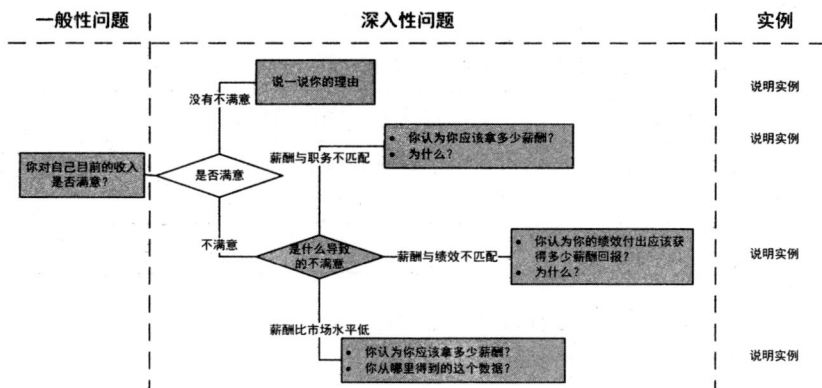

图 13-4　访谈提纲设计的思维逻辑

基于以上的设计逻辑，即可以提出薪酬满意度调查访谈提纲的一般模式，具体如下：

表 13-6　薪酬满意度调查访谈提纲

调查内容	一般性问题	深入性问题
薪酬水平	你对自己目前的收入是否满意？	说一说你的理由
		你认为你应该拿多少薪酬？为什么？
		你认为你的绩效付出应该获得多少回报？为什么？
		你认为你应该拿多少薪酬？你从哪里得到的这个数据？
薪酬差距	与同事相比，你觉得你的薪酬水平能否体现自己的价值？	你觉得是什么决定了你的薪酬水平？
		你认为如何做才能体现你的价值？有类似的例子吗？
		你认为是你的薪酬水平低了，还是其他人的水平高了？
		不考虑其他人，你付出所获得的回报是合理的吗？
薪酬结构	你觉得工资、绩效、奖金、福利之间的比例是否合适？	如果继续按这个标准执行下去，你有反对意见吗？
		为什么固定工资部分（绩效、奖金、福利）要提高一些？有类似的例子吗？
		在总额不变的情况下，按你的意见进行调整，你同意吗？为什么？
薪酬影响因素	你觉得是什么决定了你的薪酬水平？	你觉得应该由什么决定你的薪酬水平？为什么？
		你了解哪些好的例子吗？
薪酬发放方式	你觉得现有薪酬发放方式是否合适？	如果我们适当调整每月的薪酬比例，你认为可以接受吗？
		你有什么好的建议吗？
薪酬调整方式	你觉得一年一调薪的方式是否合适？	我们将延续这种方式，你是否同意？
		你有什么好的建议吗？为什么？
其他	…	你原来单位的薪酬是如何设计/发放的？你觉得有什么优势？值得我们借鉴吗？
		你觉得我们还应该增加什么福利项目？

注：每个问题结束后，可以询问"你是从哪里得到的这个数据？你看到过类似的例子吗？你能不能举个例子？"等问题，以获得详细的实例。

13.4　满意度调查结果分析

13.4.1　实施薪酬满意度调查工作

开展薪酬满意度调查工作有其固定的程序：召开启动会 / 发布通知；发放问卷；回收问卷；问卷初步分析，修订访谈提纲，随机选择访谈人员；访谈；拟定调查报告。具体如图 13-5 所示。

召开启动会 / 发布通知。为了突出员工薪酬满意度调查工作的重要性，公司在开展此项工作前，应该召开启动会，由总经理向员工讲解该项工作的意义，提出工作要求；人力资源部经理向员工讲解具体的工作程序及要求员工们配合的工作事项。即使不能召开启动会，公司也应该发布正式通知文件，以要求员工们按照工作要求参与。

召开启动会/发布通知

发放问卷

回收问卷

问卷初步分析

修订访谈提纲

随机选取被访谈人员

访谈

拟定调查报告

图 13-5　实施薪酬满意度调查工作流程

发放问卷、回收问卷。现在越来越多的公司习惯采用电子版问卷方式，员工填报后将问卷匿名发到指定的邮箱。但电子版问卷难以控制问卷的回收情况，多投情况难以避免。有条件的企业，还是应当采用纸质问卷的形式，每份问卷上应做出标记（如盖章）。

问卷初步分析、修订访谈提纲、随机选取被访谈人员。对问卷进行初步分析是为了让接下来的访谈工作更加聚焦。通过初步分析，可以发现员工们最关心的问题是什么，并据此决定下一步重点访谈的内容和人群。

访谈。访谈工作最好由第三方主持，公司人力资源部员工参与完成。

拟定调查报告。拟琼调查报告要参与问卷调查、员工访谈的结果，还要结合前期反映的问题和人力资源专业分析得出。

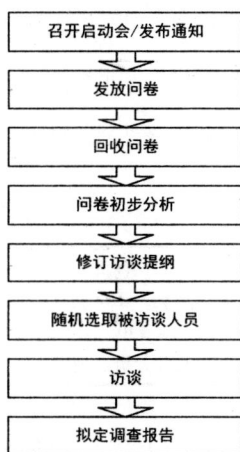

13.4.2 满意度调查结果分析

员工薪酬满意度调查报告要根据具体的调查内容撰写。一份完整的薪酬满意度调查报告应该包括调查整体情况说明，每项内容的调查结果，调查结果的详细分析，问题汇总及应对措施建议。

（1）调查整体情况说明应包括调查目的、调查时间、调查人群、调查方式、参与情况等。具体如表 13-7 所示。

表 13-7　某企业员工满意度调查情况综述

根据公司内部员工薪酬调查工作要求，我公司（咨询机构）组织参与了 ×× 公司员工薪酬满意度调查活动。本次薪酬调查采用问卷与访谈相结合的方式。2018 年 11 月 1 日至 11 月 15 日，我公司共发放问卷 120 份，回收 108 份，其中，有效问卷 98 份。访谈 28 位员工，其中：中层以上领导 12 人。经过统计分析，现就本次员工薪酬满意度调查工作形成以下报告：

（2）单项内容的调查结果和详细分析。本项工作应该结合调查问卷的内容分类，逐项说明。包括具体包括调查问题、答卷情况、访谈情况、展现的问题等。具体如表 13-8 所示。

表 13-8　某企业员工对当前收入水平感受情况

1．调查表中显示：本表示满意的员工共 29 人，占总人数的 29.59%，其中：非常满意 6 人，占总人数的 6.12%；表示不满意的员工共 28 人，占总人数的 28.57%，其中：非常不满意 7 人，占总人数的 7.14%；41 人表示不确定自己的薪酬水平是如何的，占总人数的 41.84%。具体如图 13-6 所示。

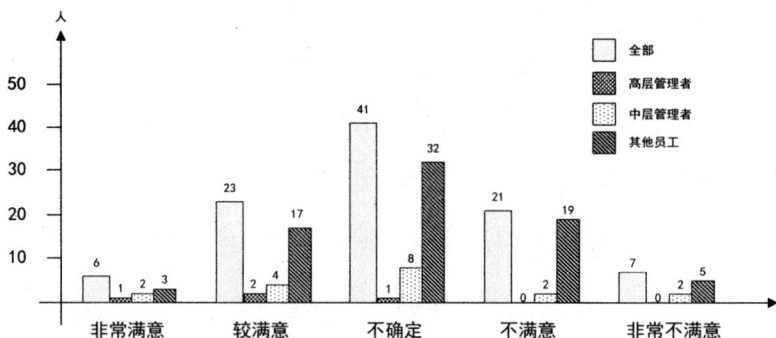

图 13-6　员工对当前薪酬水平感受

续上表

> 2．通过访谈，我们了解到：对薪酬表示满意的员工，主要为公司高管人员、近三年从其他同行企业转入公司人员。表示不满意的员工，大都为在毕业后即在本公司工作，且工作时间不足 5 年的员工。表示不清楚自己薪酬水平是否合适的人群中，大部分表示自己并不了解其他公司的薪酬水平是如何的。
>
> 3．分析：通过调查我们了解到，公司当前薪酬水平在市上有一定的竞争力（表示满意的员工大数来自于其他单位），但大部分员工对于薪酬水平的市场价位并没有清晰的认识，所以认为自己的薪酬水平不能让人满意。这说明公司在薪酬政策宣传上有可改进的余地。

（3）问题汇总和应对措施。如上所述，对问题的汇总是对数据的统计以及根据统计结果归纳出一定的规律，发现问题。本例中，问卷显示，对薪酬水平满意和不满意的员工数量是相似的。在访谈中，管理者就这一问题进行了深入地研究，发现大多数了解市场薪酬水平的人员对自己的薪酬水平表示满意；而表示不满或未置可否的人员中，大多数是不了解市场薪酬水平的，他们所得到的薪酬信息大多来自于口口相传或非正式媒体。

由薪酬水平满不满意到归纳到员工对市场薪酬水平的了解程度这一过程，需要靠管理者经验进行总结。对于这个问题原因的分析的准备程度，与参与薪酬调查个人能力有关。而得出这一结论后，管理者也就可以根据问题提出应对工作的建议。对于本例的问题症结在于员工对于市场薪酬水平不了解，所以才表示出对薪酬水平的不满意。因为公司的薪酬水平具有竞争力，所以管理者可以通过加强宣传，正向引导，让员工了解市场薪酬水平，从而确立对自己薪酬水平的信心。

13.4.3　薪酬管理的自我检查

在形成上例判断中，除了听取员工的建议外，管理者还要对公司的薪酬情况有所了解。例如对薪酬水平的判断，听取员工的意见是必要的，将现有员工薪酬水平与外部市场薪酬水平进行比较也是非常必要的。

所以，在开展员工薪酬满意度调查的同时，管理者也应该对自己薪酬制度进行全面梳理，与市场或同行业企业对标，自我检查问题，以确保企业内部薪酬调查更加精准，有效。

第 14 章　开展企业外部的薪酬调查

14.1　薪酬调查的一般程序

14.1.1　薪酬调查的分类

薪酬调查是企业获得市场薪酬数据的有效手段，也是管理者了解企业薪酬情况的依据。薪酬调查报告主要分为五类：市场宏观薪酬调查报告、针对某企业的薪酬调查报告、针对某行业或地区的薪酬调查报告、针对某岗位的薪酬调查报告、专项薪酬调查报告。

（1）市场宏观薪酬调查报告。市场宏观薪酬调查报告指从宏观或整体角度看待企业薪酬水平变化情况。比如每年国家统计局会发布《统计年鉴》，其中包括了全国各个地区薪酬水平，这个地区薪酬水平就是一个宏观薪酬数据。它代表整体而不是个体的情况。2017 年北京市职工平均工资为 101 599 元。这是一个整体情况，而不是说，你在北京工作平均就一定能拿 10 万元工资。我们将这个概念再推广一下，北上广深的平均工资整体是高于其他城市的，但依然是整体情况，并不是说你在北上广深地区工作薪酬水平就一定高；也并不是说，你在东北、西北地区工作就拿不到高薪。

（2）针对某地区或行业的薪酬调查报告。除国家统计局这样的政府机构，很多民间机构或组织也会定期出具与其有关的地区或行业薪酬调查报告。此类薪酬调查报告的内容常常是针对某一地区或某一行业的。比如大中华区经理人薪酬调查报告或中国房地产行业薪酬调查报告等。对企业管理者来说，这些数据反映仍然是宏观数据。

（3）针对某企业的薪酬调查报告。针对某企业的薪酬调查报告是指企业提出调查需要，机构根据该企业情况选择多份适合的样本并依此出具薪酬调查报告，供企业参考与使用。针对某些特定企业的薪酬调查工作的实质是对该企业薪酬结构、薪酬水平以及薪酬政策等的诊断。它是以外部薪酬数据作为参照，分析、判断该企业薪酬政策有哪些问题。这样的薪酬报告，针对性很强。但此类薪酬调查报告的质量好坏仍然会受到调查样本的数量、调查样本与需求企业相似度、机构或咨询师水平等影响。

（4）针对某岗位的薪酬调查报告。针对某岗位的薪酬调查报告相比针对企业的薪酬调查报告更为具体，对数据精准度要求就更高，对薪酬调查工作也就提出了更高的要求。我们可以理解为，针对某岗位的薪酬调查报告是从针对企业薪酬调查报告中的单独岗位拿出来进行分析。也可以把企业薪酬调查报告理解为岗位薪酬调查报告的集合。

（5）专项薪酬调查报告。专项薪酬调查报告就是企业自己定制的薪酬调查报告。企业可能会定制某一类人，也可能会定制某一个时间段的薪酬情况，这些情况就非常具体。例如，北京外企人力资源服务有限公司（FESCO）曾发布过员工福利调研报告。其结果是为了论证弹性福利作为一种新的福利管理方式，正在受到越来越多企业和员工关注的现象。

我们通常所说的薪酬调查就是针对某企业的薪酬调查报告。

------------------------- 小·知·识 -------------------------

中国统计年鉴

年鉴是以全面、系统、准确地记述每年度事物运动、发展状况为主要内容的资料性工具书。《中国统计年鉴》是国家统计局编印的一种资料性年刊，全面反映中华人民共和国经济和社会发展情况的最权威数据库。某一年统计年鉴收录上一年全国和各省、自治区、直辖市每年经济和社会各方面大量的统计数据，以及历史重要年份和近二十年的全国主要统计数据，由国家统计局每年出版发行，是我国最全面、最具权威性的综合统计年鉴。该文献同时有中英文版及电子光盘版出版。每年，地方政府、部委、行业协会也会根据所辖范围出版地方、行业统计年鉴。

14.1.2 薪酬调查程序

薪酬调查程序如图 14-1 所示。

图 14-1 薪酬调查程序

1. 薪酬调查准备工作

在开始正式的薪酬调查前，应该先做好薪酬调查的准备工作。具体如图 14-2 所示。

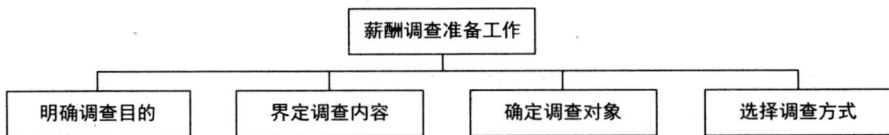

图 14-2 薪酬调查准备工作

薪酬调查的准备工作包括四个方面的内容：明确调查目的、界定调查内容、确定调查对象和选择调查方式。

（1）明确调查目标就是要知道企业需要哪些薪酬信息。例如，企业要制定销售人员的薪酬标准，所需要调查的薪酬信息就是相同地区、相似行业、相同岗位的薪酬情况。这些信息将是企业制定销售人员薪酬政策的参考或依据。实际上，过多的薪酬信息反而容易给决策带来不利影响。

（2）界定薪酬调查内容就是确定调查的是什么。薪酬调查的内容可以是薪酬结构，也可以是薪酬的给付方式，可以是具体的薪酬标准，也可以是薪酬范围或薪酬的变动趋势。每一项内容调查的方式、准确性和成本都是不同的。

（3）确定薪酬调查的对象。这一步要根据薪酬调查的目的确定。如上所述，对于销售人员的薪酬调查对象是直接而清晰的。有时候企业也会调查全部岗位的薪酬情况，这就需要进行更多岗位的薪酬调查，工作难度、成本和复杂性都有很大的提高。当然如果企业是了解社会薪酬的变化趋势，则只需了解近年来社会劳动力薪酬的变化趋势及本地区竞争对手薪酬平均水平和变化趋势即可。

（4）选择薪酬调查方式。薪酬调查方式有许多种，如：政府部门薪酬数据、专业机构薪酬调查、半官方薪酬调查和非正式薪酬调查。其中，政府部门薪酬数据指政府部门定期或非定期发布的人力资源数据，其中有些与薪酬有关。例如，国家统计局和地方统计局会在统计年鉴中发布某行业或地区的平均工资情况。劳动管理部门也会定期公布工资指导线；专业机构薪酬调查则具有较强的针对性，但这项工作的成本也是最高的；半官方薪酬调查指一些协会、政府部门发布一些薪酬调查数据。例如，近年来，有些网站或媒体也会定期发布薪酬调查数据；非正式薪酬调查是日常使用最多的薪酬调查方式。比如，在面试的时候，企业可以通过面试者了解一些薪酬信息，猎头公司也会发布一些薪酬指导数据。有时通过同学聚会、同行业组织聚会等也可以收集到一些薪酬信息。

2．调查岗位匹配

企业绝大部分的薪酬调查是基于岗位的。在开展薪酬调查之前，企业首先应该与咨询机构确定被调查岗位的匹配性。

在薪酬调查前，会要求企业首先将企业岗位图确定下来，并与咨询机构提供的岗位图相核对，以具体岗位的工作职责、工作权限和任职资格为基础进行详细分析，判断自己所调查的岗位与数据中的岗位相比，重要性大一些还是小一些，薪酬水平应该高一些还是低一些。

以销售部经理为例，同样的岗位名称其含义可能是不同的。例如：某房地产企业销售部经理与咨询机构所提供的标准岗位销售部经理的职责比较，两者岗位职责存在较大的差异。具体如表 14-1 所示。

表 14-1　企业销售部经理与咨询机构提供的销售部经理岗位职责比较

企业提供销售部经理岗位职责	咨询机构提供的销售部经理岗位职责	比　　较
1．根据经营计划和目标，拟订部门的目标与工作计划，并跟踪执行 2．主持部门日常工作，撰写和修改本部门各专业管理制度，并组织实施 3．制定部门费用年度预算，并逐月加以控制 4．跟踪销售重点客户，对销售人员提供支持，以确保销售目标的达成 5．负责本部门员工的考核、奖惩等事项 6．建立健全销售档案 7．据市场需求的变化，及时向相关部门反馈市场信息	1．制订销售策略和销售流程，拟定销售计划，执行并反馈 2．监督、汇报部门销售任务的完成情况 3．控制并管理部门的整体业务发展，并对现场售楼处进行管理 4．开展销售代表的培训，以有效完成公司销售经营目标。维护并开拓客户建立经常性联系渠道 5．负责企业项目配套的洽谈、签约工作	共同点： 1．计划管理 2．部门整体控制 3．重点客户跟进 不同点： 企业销售部经理具有制定年度预算、部门员工考核、健全销售档案、收集市场信息职能 咨询机构提供的销售部经理具有部门内员工培训和公司项目洽谈、签约工作

这样的差异无法通过客观或量化的标准加以区分。为此，咨询机构会根据岗位分析和岗位分类的有关知识提供一个方法，就是在考核岗位名称和岗位职责的基础上，给出一个岗位级别，如房地产行业岗位层级（如表 14-2 所示）。

表 14-2　咨询机构提供的房地产行业岗位层级表（部分）

岗位层级	通用管理体系	人事体系	市场营销体系	规划设计
决策层 （19～25）	总经理、总经济师、总会计师、总建筑师、总工程师	人事副总经理	市场副总经理	总建筑师
高级管理层 （15～19）	事业部经理	人事总监	市场总监	规划设计总监
管理层 （11～15）		人力资源经理	市场经理、媒体策划经理、公关经理	首席建筑师
主管 （8～11）		人事主管、培训主管、薪酬主管	市场主管、媒体策划主管、公关主管	高级建筑师、高级结构师、高级电气师
专业人员 （5～8）		人事专员、培训专员、薪酬专员	市场专员、媒体策划专员、公关专员	建筑设计师、结构设计师、强电工程师、弱电工程师
办事员 （3～5）		人事助理	市场部助理	规划设计部助理
操作员 （1～3）				

企业所要做的事情是，首先核对岗位名称和岗位职责，根据本企业岗位名称在咨询机构提供的标准岗位中寻找相应岗位，核对岗位职责，并依此根据岗位层级对应表，纳入相应的岗位层级。

3．数据收集、分析和使用

数据收集、分析和使用的工作由咨询机构根据其数据库中的内容，或寻找合适的企业或数据开展工作。

14.1.3　人力资源部的工作

薪酬调查工作中，人力资源部的主要工作内容如图 14-3 所示。

（1）与中介机构的沟通和咨询。每家中介机构的侧重点是不同的。有的客户主要是外企，那么他们自然对外企这个圈子的薪酬数据更有发言权；有的专门从事房地产行业的薪酬调查和咨询，其对房地产行业就应该更有说服力。反之，前一家机构做一个私营企业的薪酬调查，或请后一家企业做一份快速销费品行业的薪酬调查就不太恰当。同为薪酬调查工作，为什么会出现类似的情况呢？这是薪酬调查工作性质和过程决定的。在开展薪酬调查时，要获得调查数据。这些数据的提供者是参与调查的企业，企业参与调查，需要

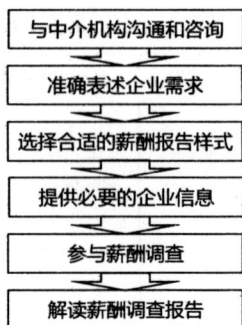

图 14-3　薪酬调查工作中，人力资源部的主要工作内容

把自己的数据交给薪酬调查机构，在调查结束后，该企业可以获得一份详细的薪酬调查报告，并了解自己薪酬在同行业中的情况，或了解相似行业或企业薪酬变化的趋势。既然如此，企业参加薪酬调查就存在着唯一性。一般来说，一家企业只会参与一个咨询机构的调查工作。换句话说，一个企业的数据也只能被一所咨询机构获得。中介机构积累的某一行业数据量越大，在行业内工作时间越长，其所拥有的数据信度就越高。

（2）准确表述企业需求。管理者的要求转化为薪酬调查专业述语所表示的内容是不同的。比如管理者希望了解中层的收入情况。什么是中层？是部门正职，还是部门正职和部门副职；还是再包括总经理助理和总监？这些问题需要人力资源部予以明确。此外，管理者希望了解薪酬情况的目的是什么，就是知道大概的水平，还是要据此做出决策。所需要的精度是不同的。人力资源部有必要进行专业化定位，并通过沟通与管理者形成共识，以准确完成调查工作。

（3）选择合适的薪酬报告样式。薪酬调查机构一般有自己常用的薪酬报告的模板。但这样的模板是统一模式，未必会达到管理者的要求，所以人力资源部要提前向薪酬调查机构了解其所出具的薪酬调查报告是什么样

的，并在其模板的基础上，加上自己想要的内容。

（4）提供必要的企业信息。企业要想获得理想的薪酬调查报告，让调查机构了解自己企业的情况是有必要的。人力资源部要根据需要，向调查机构说明或提供自己企业的信息。这些信息包括了：岗位的基本情况，包括岗位职责、权限、任职条件，在组织中的位置等；企业和组织岗位的基本情况，包括企业的规划、所属行业、人员数量、业务运营模式、组织机构设计等；按调查需要，选择是否提供一定的薪酬信息。

（5）参与薪酬调查。有些企业会参与每年的薪酬调查。此类企业人力资源部应定期向咨询机构提供薪酬数据，并获得所在行业的年度薪酬调查报告，供本企业管理者使用。

（6）解读薪酬调查报告。薪酬调查报告的专业性较强，需要人力资源部进行解读，并向管理者详细说明。

14.2　解读薪酬调查报告

14.2.1　薪酬调查报告全貌

各机构做的薪酬调查报告不尽相同。专业的薪酬调查报告更像一个数据库，而不是工作报告。本节以国内较为权威的太和顾问年度薪酬调查报告样本为基础，了解如何解读一份薪酬调查报告。

太和顾问年度薪酬调查报告样本可以在其官网找到（http://www.taihe.com.cn/ Report_Download.aspx）。该文件严格说是一份数据库软件，但也可以转化成为 pdf 文档形式。文件包括八部分。其中，与薪酬调查报告直接相关的部分包括：参与公司名录、市场薪酬整体信息、部门薪酬信息、岗位薪酬信息和贵司薪酬情况分析五个部分，如图 14-4 所示。

图 14-4　太和顾问薪酬调查报告内容

14.2.2　参与公司名录

薪酬调查报告应该说明参与企业包括哪些，如图 14-5 所示。如前所述，参与企业与薪酬调查报告的使用者要有一定的交集，其数据应该是可供参考的。直接列出参与企业的目录有利于使用者判断该薪酬调查报告是否有效，或是否值得管理者借鉴其中的数据。同时，参与的企业也要有一定的数量保障，太少也会造成该薪酬调查报告的数据信度下降。

Taihe CONSULTING 太和顾问

公司名录

[以下排名不分先后]

★ **参调企业1**
★ **参调企业2**
★ **参调企业3**
★ **参调企业4**
★ **参调企业5**
★ **参调企业6**
★ **参调企业7**
★ **参调企业8**
★ **参调企业9**
★ **参调企业10**

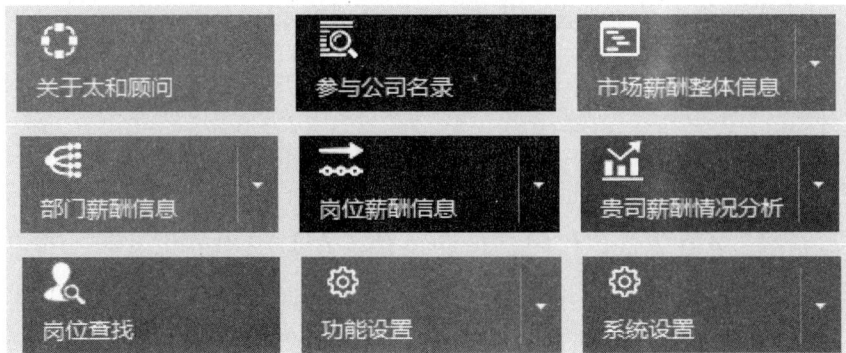

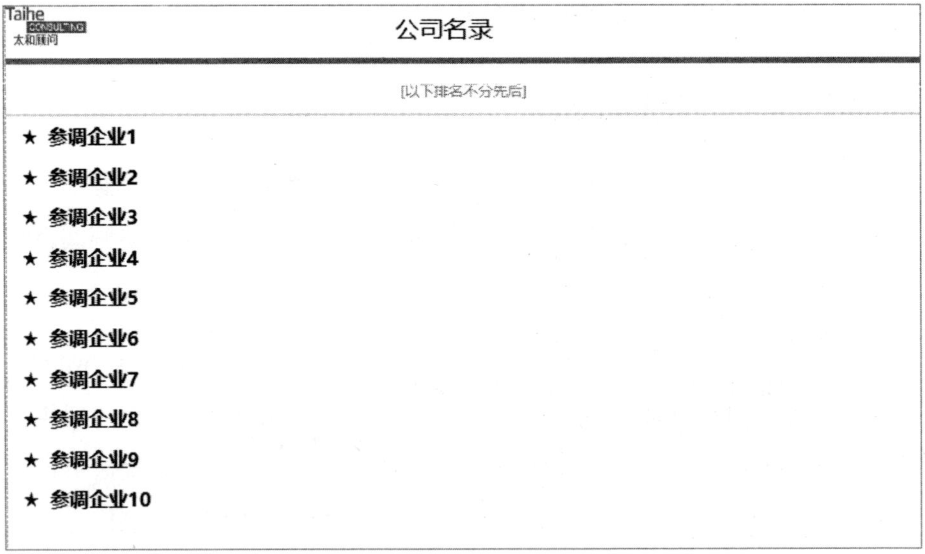

图 14-5　参与调查公司名录

14.2.3　市场薪酬整体信息

市场薪酬整体信息展示了参与调查企业中较为宏观的数据情况，是薪酬整体情况的分析。其中包括：各层级薪酬结构对比分析和市场薪酬水平回归分析。在后续的各薪酬调查项目中，都会包括类似的分级。

1.　各层级薪酬结构对比分析

各层级薪酬结构对比分析中的层级指得是管理层级，具体如图 14-6 所示。使用者会发现薪酬调查中的管理层级与本企业的管理层级会有着不小的出入。这是因为我们在前面所说的各企业在职位设计上是不同的，所以要有一个职位匹配的过程。薪酬调查报告所提供的各层级是咨询机构在综合各企业情况后，提出了通用的岗位层级的标准。使用者在使用时要结合薪酬调查报告中提供的"公司出岗列表"和"市场出岗列表"进行比对。这两项内容请参照"功能设置"项中内容。在市场各层级薪酬结构对比分析中，对比的是各层级薪酬中各组成部门间的比例。在本薪酬调查中，年薪结构包括了年度基本现金收入、年度补贴收入、年度变动收入和年度福利总额四项内容。不同企业对这些结构的理解是不同的，有些企业基本现金收入占比高一些，有些企业的变动收入占比高一些。一般来说，同样的行业，相似岗位的占比也具有一定的相似性。使用者在阅读该部分时，应该关注薪酬总额的问题。

2.　市场薪酬水平回归分析

市场薪酬水平回归分析是对年薪结构中每一项内容进行具体分析的情况，具体包括了按照年度总额、年度基本现金收入、年度补贴收入、年度变动收入和年度福利总额五项内容进行的对比分析。样本中提供了不同职位等级和按照 10、25、50、75、90 分位以及平均值对比的情况。首先，不同的职位等级与职位层级一样，也是咨询机构综合划分的一个等级标准。同为薪酬专员在该表中可以根据薪酬专员具体的工作内容找到一个适合自己的等级，并了解到类似工作在市场上的价格情况。其次，按照 10、25、50、75、90 分位以及平均值对比的情况是统计学中较常使用的比对方法，也是薪酬工作中较常采用的统计方法。其前提是将同一组数排为一个由小到大的列。比如共有 100 个数据，那么第 10 位的，就是 10 分位，同理，第 50 位的就是 50 分位。而所有数据的平均就是平均值。相对平均值来说，分位值更能客观体现该数据分布情况，减少个别人员薪酬过高或过低的影响。关于回归分析是薪酬专员比较头疼的内容，其实我们只要知道通过回归分析，我们所得到的这条曲线是科学合理的就可以了。（回归分析的过程，简而言之，就是我们掌握的数据是一个个的点，要把点串在一起，并以此预测一些空缺数据的位置的过程。即利用手头现有的数据和数学计算方法，反推算出一条曲线。从众多数据中寻找其内部规模，各数据间产生线性的联系。具体如图 14-7 所示。）

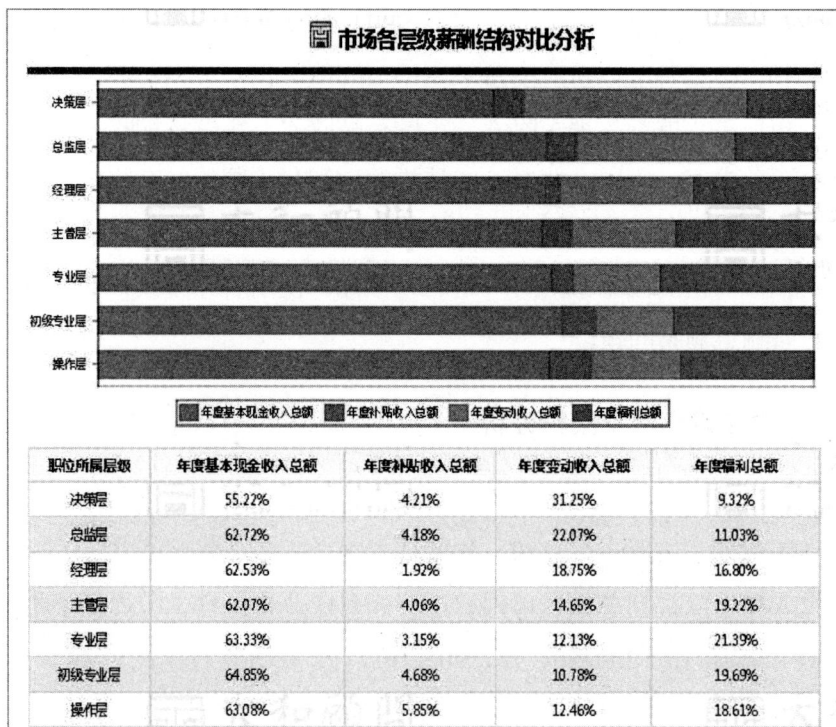

职位所属层级	年度基本现金收入总额	年度补贴收入总额	年度变动收入总额	年度福利总额
决策层	55.22%	4.21%	31.25%	9.32%
总监层	62.72%	4.18%	22.07%	11.03%
经理层	62.53%	1.92%	18.75%	16.80%
主管层	62.07%	4.06%	14.65%	19.22%
专业层	63.33%	3.15%	12.13%	21.39%
初级专业层	64.85%	4.68%	10.78%	19.69%
操作层	63.08%	5.85%	12.46%	18.61%

图 14-6　市场各层级薪酬结构对比分析

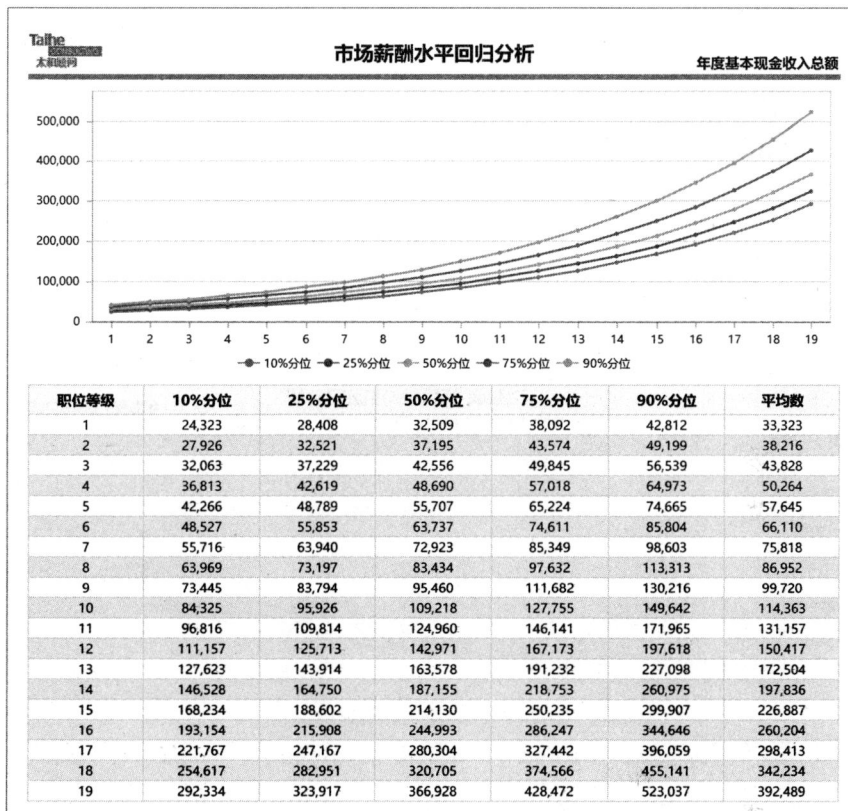

职位等级	10%分位	25%分位	50%分位	75%分位	90%分位	平均数
1	24,323	28,408	32,509	38,092	42,812	33,323
2	27,926	32,521	37,195	43,574	49,199	38,216
3	32,063	37,229	42,556	49,845	56,539	43,828
4	36,813	42,619	48,690	57,018	64,973	50,264
5	42,266	48,789	55,707	65,224	74,665	57,645
6	48,527	55,853	63,737	74,611	85,804	66,110
7	55,716	63,940	72,923	85,349	98,603	75,818
8	63,969	73,197	83,434	97,632	113,313	86,952
9	73,445	83,794	95,460	111,682	130,216	99,720
10	84,325	95,926	109,218	127,755	149,642	114,363
11	96,816	109,814	124,960	146,141	171,965	131,157
12	111,157	125,713	142,971	167,173	197,618	150,417
13	127,623	143,914	163,578	191,232	227,098	172,504
14	146,528	164,750	187,155	218,753	260,975	197,836
15	168,234	188,602	214,130	250,235	299,907	226,887
16	193,154	215,908	244,993	286,247	344,646	260,204
17	221,767	247,167	280,304	327,442	396,059	298,413
18	254,617	282,951	320,705	374,566	455,141	342,234
19	292,334	323,917	366,928	428,472	523,037	392,489

图 14-7　市场薪酬水平回归分析

14.2.4　部门薪酬信息

部门薪酬信息展示的是按职能划分的各职能人员的薪酬信息。与岗位划分相一致，各企业部门划分也是不同的。但同一行业企业的功能是一致的，所以咨询机构便统一了各企业的职能划分标准，按照职能（部门）统计了各类人员的薪酬信息。部门薪酬信息相对整体信息而言就具体了很多。图 14-8 所示为某公司人力资源部薪酬整体情况。

在部门薪酬信息下同样存在着市场部门各层级薪酬结构对比分析和市场部门薪酬水平回归分析。对其解读可以参考上面对市场薪酬整体信息的解读方式。具体如图 14-9 所示。

图 14-8　人力资源部薪酬整体情况

职位所属层级	年度基本现金收入...	年度补贴收入总额	年度变动收入总额	年度福利总额
总监层	59.98%	4.52%	26.00%	9.50%
经理层	66.40%	2.18%	14.32%	17.10%
主管层	62.67%	4.76%	11.95%	20.62%
专业层	63.37%	3.44%	9.97%	23.22%
初级专业层	68.77%	4.34%	9.37%	17.52%

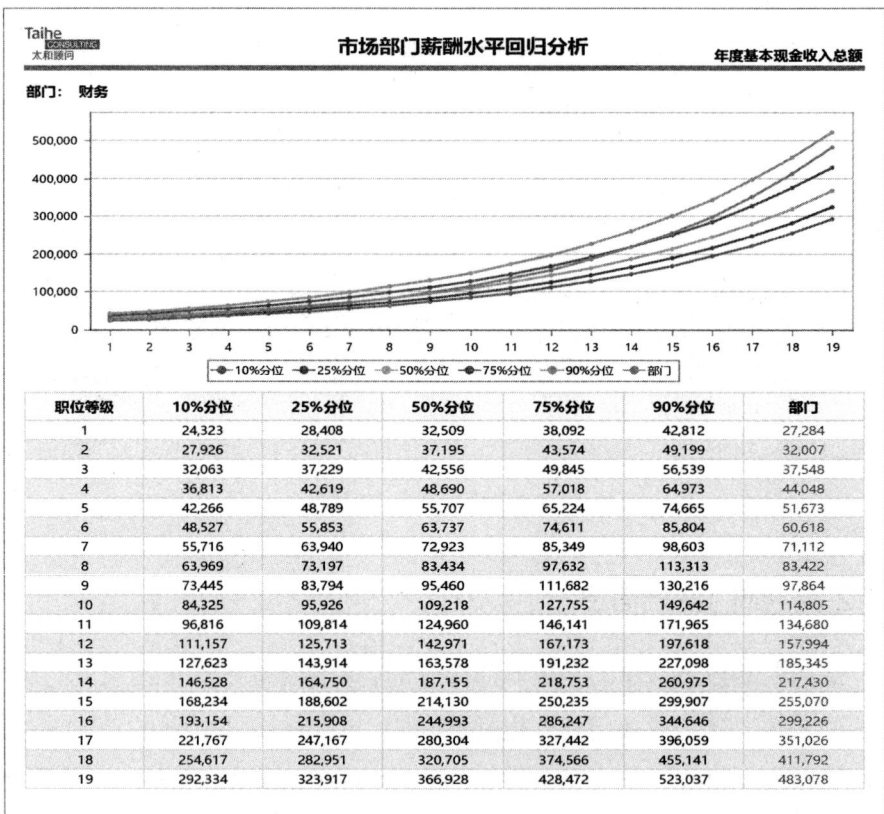

职位等级	10%分位	25%分位	50%分位	75%分位	90%分位	部门
1	24,323	28,408	32,509	38,092	42,812	27,284
2	27,926	32,521	37,195	43,574	49,199	32,007
3	32,063	37,229	42,556	49,845	56,539	37,548
4	36,813	42,619	48,690	57,018	64,973	44,048
5	42,266	48,789	55,707	65,224	74,665	51,673
6	48,527	55,853	63,737	74,611	85,804	60,618
7	55,716	63,940	72,923	85,349	98,603	71,112
8	63,969	73,197	83,434	97,632	113,313	83,422
9	73,445	83,794	95,460	111,682	130,216	97,864
10	84,325	95,926	109,218	127,755	149,642	114,805
11	96,816	109,814	124,960	146,141	171,965	134,680
12	111,157	125,713	142,971	167,173	197,618	157,994
13	127,623	143,914	163,578	191,232	227,098	185,345
14	146,528	164,750	187,155	218,753	260,975	217,430
15	168,234	188,602	214,130	250,235	299,907	255,070
16	193,154	215,908	244,993	286,247	344,646	299,226
17	221,767	247,167	280,304	327,442	396,059	351,026
18	254,617	282,951	320,705	374,566	455,141	411,792
19	292,334	323,917	366,928	428,472	523,037	483,078

图 14-9　市场部门薪酬水平回归分析

14.2.5　岗位薪酬信息

岗位薪酬信息是薪酬调查报告最核心的内容之一，也是企业管理者和员工们最关注的部分之一。我这样的岗位在市场上可以拿到多少钱？是每一个员工都关注的问题，也是薪酬调查报告的核心。薪酬调查报告也正是以岗位为基础的各项薪酬数据的汇总。岗位薪酬信息包括岗位薪酬福利水平分析和岗位薪酬福利频度分析。

1. 岗位薪酬福利水平分析

图 14-10 所示为岗位薪酬福利分析的具体情况。

岗位薪酬福利水平分析

FA002 财务总监

太和职位等级:	13 --- 19	博士及以上	14.29%
在岗者平均年龄（岁）:	37.86	硕士	28.57%
在岗者平均工作经验（年）:	9.57	本科	57.14%
		大专	0.00%
		高中	0.00%
		高中以下	0.00%

薪酬福利项目	10%分位	25%分位	50%分位	75%分位	90%分位	平均值
基本月薪收入	17,583	18,833	23,045	23,638	29,623	22,731
年度月薪数量	12	12	12	12	12	12
年度基本现金收入总额	210,996	225,996	276,540	283,656	355,476	272,767
年度交通补贴	1,220	1,550	5,980	13,653	23,240	9,131
年度车辆补贴	11,186	11,330	20,980	24,920	25,082	19,102
年度膳食补贴	1,712	5,863	7,715	9,310	12,547	7,428
年度住房补贴	--	10,210	10,220	10,280	--	10,253
年度通讯补贴	2,504	2,878	3,495	4,393	5,720	3,793
年度岗位津贴	--	--	--	--	--	--
年度环境补贴	--	--	--	--	--	--
年度轮班补贴	--	--	--	--	--	--
年度置装补贴	--	--	--	--	--	--
年度体检补贴	--	--	--	--	--	--
年度其它补贴	3,511	5,125	5,885	7,133	9,945	6,326
年度补贴收入总额	3,760	6,900	31,130	38,590	40,990	24,896
年度固定现金收入总额	214,756	232,896	306,508	316,828	396,896	297,663
年度销售提成	--					
年度绩效奖金	63,319	65,226	93,097	120,126	133,681	94,006
年度加班费	--	--	--	--	--	--
年度其它变动现金收入	26,834	28,913	42,794	65,250	79,427	49,080
年度变动现金收入总额	90,104	107,587	131,002	194,644	213,033	143,086
年度现金收入总额	304,860	378,407	421,605	520,334	557,020	440,749
自助福利上限	--	--	--	--	--	--
年度实物福利	2,308	2,884	3,592	4,318	5,196	3,664
年度车辆福利	10,484	14,967	20,159	23,330	26,026	18,971
年度补充住房福利	--	--	--	--	--	--
年度补充养老福利	--	--	--	--	--	--
年度补充医疗福利	--	--	--	--	--	--
年度商业保险福利	791	2,006	3,534	3,803	3,884	2,839
年度法定福利	38,123	39,118	54,486	66,397	70,742	53,782
年度人事代理	530	690	920	1,040	1,060	846
年度其他福利	524	770	3,925	8,561	9,169	4,596
年度福利总额	45,675	62,254	78,734	94,418	98,165	76,395
年度总薪酬	377,746	428,294	504,855	618,915	655,464	517,144

图 14-10　岗位薪酬福利水平分析

岗位薪酬福利信息包括了一些薪酬调查开展的基本信息。如图 14-11 所示 HR045 是岗位的编号，"薪酬福利专员"是岗位名称。"太和职位等级：5-8"代表了该岗位在前面提到的太和划分的 23 个等级中处于 5-8 级的水平。"提供样本公司：8 家"代表了在实施薪酬调查的企业中，有 8 家企业提供了薪酬福利专员岗位的薪酬数据。"在岗者样本量：19 个"代表了在提供薪酬调查数据的 8 家企业中，共有 19 个薪酬福利专员。其他信息介绍了参与调查的 19 人中年龄、工作经验、学历等基本情况。这些可以看作为该岗位的任职要求的一般情况。

HR045 薪酬福利专员

太和职位等级：	5 --- 8	博士及以上	0.00%
提供样本公司（家）：	8	硕士	0.00%
在岗者样本量（个）：	19	本科	52.63%
在岗者平均年龄（岁）：	29.16	大专	47.37%
在岗者平均工作经验（年）：	5.16	高中	0.00%
		高中以下	0.00%

图 14-11　薪酬福利专员调查样本情况

薪酬福利项目中展示年度总薪酬包括年度现金收入总额和年度福利总额。

其中：年度现金收入总额包括年度固定现金收入总额和年度变动现金收入总额。

年度固定现金收入总额包括年度基本现金收入总额和年度补贴收入总额。

年度基本现金收入为基本月薪收入。

年度补贴收入总额为交通补贴、车辆补贴、膳食补贴、住房补贴、通讯补贴、岗位津贴、环境补贴轮班补贴、置装补贴、体检补贴及其他补贴。

年度变动现金收入总额包括销售提成、绩效奖金、加班费和其它变动现金收入。

　　年度福利总额包括自助福利上限、实物福利、车辆福利、补充住房、补充养老、补充医疗、商业保险、法定福利、人事代理、其他福利等。

　　没有哪一家企业会有以上全部这些现金和福利项目，实际的情况是每家企业的现金和福利项目都是五花八门的，薪酬调查机构在统计时需要对这些项目进行分析，归并到以上的类别中。但有些福利的分类也是比较困难的。例如旅游、休假这样的福利在有些企业其价值是难以用一个固定标准表示出来的。我们在阅读岗位薪酬福利信息时，应该较多地关注年度现金（固定、变动）收入和福利收入等大的项目上。另外，细心的读者会发现，调查表中的项目之间的勾稽关系是错误的。例如，10分位中年度现金收入总额（43 374 元）并不等于年度固定现金收入总额（38 434 元）与年度变动收入总额（5 124 元）之和。这是因为数据在统计过程中每个人的年度固定现金收入总额、年度变动收入总额和年度现金收入总额都需要重新排序。年度固定现金收入总额高的员工，其年度变动收入总额也许是很少的，这就造成了 10 分位的年度固定现金收入总额、变动现金收入总额和现金收入总额三个数字是三位不同调查对象的数据。

2. 岗位薪酬福利频度分析

　　岗位薪酬福利频度分析指对某一岗位不同薪酬区间内人员的数量情况。仍以薪酬福利专员岗位为例，在 19 位薪酬福利专员工，年度现金收入总额在 5.6 万元以下的占 34.58%，也就是 19 人中有 6 人年度现金收入总额在 5.6 万元以下。具体如图 14-12 所示。可见这样的表述更加形象。使用者拿到该薪酬报告就可以直接算出自己的薪酬在行业中处于一个什么样的水平。

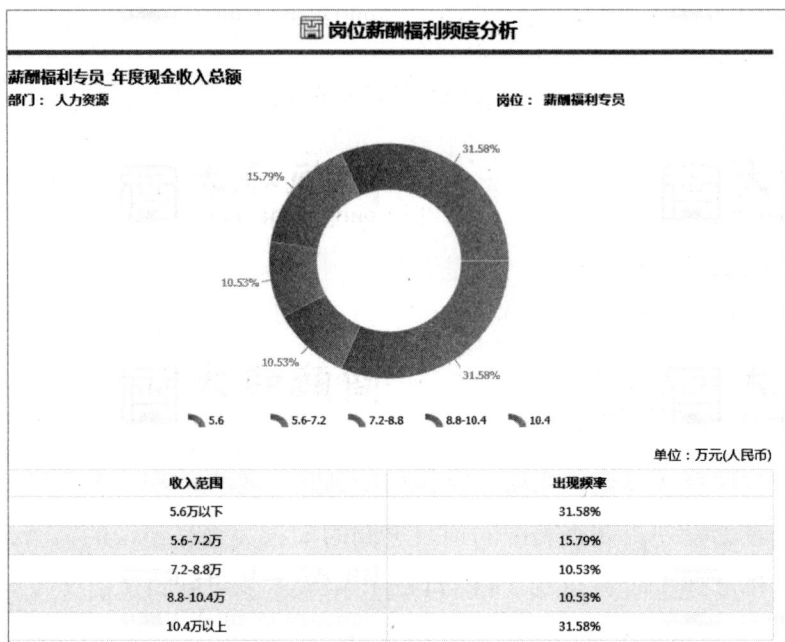

图 14-12 岗位薪酬福利频度分析

14.2.6 调查企业薪酬情况分析

"贵司薪酬情况分析"是太和顾问向客户提供的企业薪酬数据分析的服务。它要求企业在购买薪酬报告时也需要将本企业的薪酬数据提供给咨询机构，这样咨询机构才能够结合该企业薪酬福利数据进行专业分析。当然，企业也可以只购买其他企业的数据而不提供本企业的数据，并由人力资源部自己根据薪酬调查报告的各项要求，结合自己企业的情况进行薪酬分析。太和顾问的样本中提供了各层级薪酬结构对比分析、薪酬定位分析、员工薪酬定位分析、岗位薪酬定制分析、岗位对照和部门各层薪酬结构对比分析。